中国隧道及地下工程修建关键技术研究书系

CONSTRUCTION TECHNOLOGY OF
VENTILATION SHAFT FOR MICANGSHAN
EXTRAORDINARILY LONG HIGHWAY TUNNEL

米仓山特长公路隧道通风竖井建造技术

张 睿 杜江林 方 勇 汪碧云 唐 协 著

人民交通出版社股份有限公司

北 京

内 容 提 要

本书依托米仓山公路隧道通风竖井工程,对特长公路隧道通风竖井建造方案、施工技术、施工设备配套及通风联络道的设计与优化进行了全面论述,详细介绍了短段掘砌、单层模筑混凝土衬砌的混合作业法施工技术,系统地总结了短段掘砌法深大竖井设计与施工的研究成果。以数值模拟为手段,对竖井开挖损伤机理、竖井及围岩稳定性、衬砌结构受力特性等进行了系统论述。验证了米仓山公路隧道竖井结构的稳定性,得到了衬砌结构受力特性,确定其现有围岩衬砌结构可以保证竖井在施工运营期间的安全性。最后,对竖井施工过程管理及风险控制进行了较为全面的阐述。本书的出版对于我国公路隧道竖井建设具有重要的借鉴意义,同时对推动国内公路交通领域建设的发展也起到一定的作用。

本书可供从事隧道及地下工程设计、施工、科研相关工作的人员使用,也可作为高等院校隧道工程、岩土工程等专业师生的参考用书。

图书在版编目(CIP)数据

米仓山特长公路隧道通风竖井建造技术 / 张睿等著. — 北京:人民交通出版社股份有限公司,2021.8
ISBN 978-7-114-17093-5

Ⅰ.①米… Ⅱ.①张… Ⅲ.①公路隧道—隧道通风—竖井施工 Ⅳ.①U459.2

中国版本图书馆 CIP 数据核字(2021)第 029318 号

Micangshan Techang Gonglu Suidao Tongfeng Shujing Jianzao Jishu

书　　名:	米仓山特长公路隧道通风竖井建造技术
著 作 者:	张　睿　杜江林　方　勇　汪碧云　唐　协
责任编辑:	王　霞　张　晓
责任校对:	刘　芹
责任印制:	张　凯
出版发行:	人民交通出版社股份有限公司
地　　址:	(100011)北京市朝阳区安定门外外馆斜街 3 号
网　　址:	http://www.ccpcl.com.cn
销售电话:	(010)59757973
总 经 销:	人民交通出版社股份有限公司发行部
经　　销:	各地新华书店
印　　刷:	北京交通印务有限公司
开　　本:	787×1092　1/16
印　　张:	9.25
字　　数:	220 千
版　　次:	2021 年 8 月　第 1 版
印　　次:	2021 年 8 月　第 1 次印刷
书　　号:	ISBN 978-7-114-17093-5
定　　价:	72.00 元

(有印刷、装订质量问题的图书由本公司负责调换)

前 言
Preface

近年来我国公路建设快速发展，涌现出一大批长大公路隧道，为满足隧道内通风的需要，修建隧道通风竖井必不可少。虽然通风竖井的修建对隧道施工及运营具有重要意义，但是目前针对深大竖井具体建造技术的研究较为缺乏，且长期以来我国公路隧道竖井大多采用"正井法＋复合衬砌"方案施工，相对而言，竖井建设的技术发展与行业需求不匹配。鉴于上述情况，作者团队依托米仓山公路隧道通风竖井工程，通过对特长隧道通风竖井建造技术进行系统研究，首次提出短段掘砌、配合单层模筑衬砌的竖井修建方法，实践表明，该方法在保障竖井的安全快速施工、降低施工的复杂程度、缩短建设周期等方面具有显著的优势。本书是对上述研究成果与工程实践的凝练与总结，以期为类似公路隧道的竖井工程建设提供参考。

全书内容分为7章，第1章简要介绍了竖井及通风技术的发展概况；第2章介绍了公路隧道通风竖井建造技术的发展；第3章针对米仓山公路隧道竖井实际情况，对其建造方案进行了优化设计，并对常用的施工方法进行了比较；第4章详细介绍了短段掘砌法的施工及机械化配套关键技术，系统总结了短段掘砌法深大竖井设计与施工的研究成果；第5章主要分析了竖井围岩稳定性及井筒受荷特性；第6章论述了竖井通风联络道的设计与优化；第7章简要介绍了竖井施工过程管理及风险控制。

本书由四川川交路桥有限责任公司（以下简称"川交公司"）隧道分公司张睿统稿撰写、校核，川交公司杜江林、西南交通大学教授方勇、川交公司汪碧云、四川省公路规划勘察设计研究院唐协参与编写。另外，西南交通大学方勇教授的课题组成员姚志刚博士、姚玉相博士和余涛博士参与了不同章节的撰写与整理工作，在此致以衷心的感谢！

鉴于作者水平有限，书中难免出现谬误之处，恳请各位同行及广大读者批评指正，提出宝贵意见，以便及时修订、更正和完善。联系邮箱：2298066581@qq.com。

作　者
2021年2月

目 录
Contents

第 1 章　绪论 1
　1.1　竖井的定义及分类 1
　1.2　特长公路隧道运营通风技术的发展 2
　1.3　米仓山公路隧道通风竖井工程概况 6
　1.4　米仓山公路隧道竖井建造流程与重难点 11

第 2 章　公路隧道通风竖井建造技术的发展 14
　2.1　竖井结构设计理论和方法 14
　2.2　竖井施工方法 19
　2.3　我国公路隧道通风竖井建设规模发展及现状 22

第 3 章　米仓山公路隧道通风竖井建造方案设计 28
　3.1　建井方案研究 28
　3.2　施工方案研究 33
　3.3　竖井实际建造方案 40

第 4 章　米仓山公路隧道通风竖井施工及机械化配套 43
　4.1　SMD 施工技术场地布设 43
　4.2　主要设备配置 44
　4.3　锁口段施工 48
　4.4　井身段施工 50
　4.5　地下风机房施工 53

第 5 章　竖井围岩稳定性及井筒受荷特性研究 59
　5.1　竖井岩石力学特性测试 59
　5.2　竖井稳定性及受荷特征分析 73

第 6 章　竖井通风联络道设计与优化 101
　6.1　联络道初始设计方案及问题 101
　6.2　联络道设计方案优化及可行性分析 103

6.3 单层联络道支护稳定性计算 …………………………………………… 103
6.4 单层联络道支护通风阻力分析 ………………………………………… 113
第 7 章 竖井施工过程管理及风险控制 ………………………………………… 126
7.1 施工管理组织设计及措施 ……………………………………………… 126
7.2 施工过程中的风险及预防措施 ………………………………………… 129
7.3 米仓山公路隧道竖井施工过程中主要风险控制 ……………………… 136
参考文献 ………………………………………………………………………………… 139

第1章

绪论

1.1 竖井的定义及分类

竖井作为一种特殊的地下结构物,在人类发展过程中发挥了重要作用。由于其空间布置方式与传统的地下结构物有着显著的区别,其构造方式及其施工方法也和传统隧道有着显著的不同。

1.1.1 竖井的定义及构造

竖井又称立井,是指服务于设施、人员及资源、渣石等提升和通风,在地层中开凿的直通地面的竖直通道。公路隧道竖井的组成自上而下可分为井口、井身和井底三部分。

井口段是指井筒从第一个壁座起至地表的部分,通常位于表土层中。根据实际情况,井口段的深度可为浅表土的全厚,也可为厚表土深度的一部分。由于井口段大多位于坚固性差或大量含水的表土层及风化带内,侧向荷载较大,同时在施工期还要承受井架荷载作用,因此井口部分的井壁需要加强,一般通过增加厚度或配筋实现。井口段最接近地表的部分称为锁口盘,一般要求井口段的深度为15~20m,井壁厚度为1.0~1.5m。在金属煤矿等领域中,主要采用多水平(中段)开采,从最低中段至井口段之间的井筒称为井身,而最低中段水平以下井筒部分称为井底。在公路工程领域,对于井底没有明确的定义,由于公路隧道竖井底部通常与水平布置的联络通道通过马头门连接,因此可认为马头门及以下的部分称为井底部分,而井口段以下至马头门上部的井筒部分称为井身,井身是井筒的主要组成部分。

1.1.2 竖井的分类与作用

根据竖井发展沿革及所属行业的不同,可以将竖井分为矿山竖井、水利水电竖井、城市市政竖井及交通竖井,在不同行业竖井的形式及作用也有所不同。

在矿山领域竖井已经得到了非常广泛的应用,其中在煤矿领域尤为普遍。根据煤矿开采组织特性,矿山竖井根据其用途可分为主井、副井、混合井和风井。主井是专门用作提升煤炭的井筒,在大、中型矿井中,主要采用箕斗提升煤炭,因此主井又常称为箕斗井。副井是用作升降人员、材料、设备和提升矸石的井筒,并常兼作入风井,由于副井采用的提升容器是罐笼,所以副井又称为罐笼井。在同一个井筒内安设有箕斗和罐笼两种提升容器时,该井筒称为混合井,这种井主要用于小型矿井和老矿井改扩建的延深井。风井主要用于排出矿井污风,尽管有时也安设有提升设备,但仍然按其主要用途命名为风井。

在水利水电工程中,引水式水电站的引水隧洞较长,机组的安装高程与上游水库高程相差很大,当水力加速时间较长时,必须在引水隧洞末端与压力管道连接处设置调压竖井,利用自由水面反射水击波,限制水激波进入引水道、减小压力管道及水轮机的水击压力、改善水轮机在负荷变化时的运行条件及系统供电质量。一般而言,调压井主要采用圆形断面,各部分均采用钢筋混凝土结构。采用埋藏式布置的竖井由球冠、井筒和阻抗孔组成。从目前的工程情况来看,调压井直径一般为20m级。电缆出线竖井是水电工程领域另一种重要的竖井结构。电缆出线竖井直径小于调压竖井,且常采用分段设计的方法,每段之间直径有所不同。

城市市政竖井主要是指服务于城市运行的竖井工程,如地铁盾构隧道竖井、电力竖井、排水系统竖井等。与其他几类竖井相比,这类竖井具有施工周期短、地质条件复杂、开挖深度较浅等特点。

交通竖井主要是指公路隧道竖井和铁路隧道竖井,其主要作用是为了隧道运营通风,在特殊情况下也可用于辅助施工。近年来,随着我国等级公路建设的快速发展,长大公路隧道数量逐年增多,在长大公路隧道建设中,纵向通风因具有经济性和易于维护等特点,是近年来采用较多的一种通风模式。不设竖井的纵向通风对隧道的长度有一定的限制,因此当隧道需风量大到使纵向风速超过最大限制时,必须采用竖井进行分段式纵向通风。实际工程中常采用单竖井送排式通风,近年来随着竖井长度的增加也开始采用多竖井送排式通风系统。交通竖井主要由井口段、井身段及井底段组成,通风竖井还需在竖井顶部设置风塔。

1.2 特长公路隧道运营通风技术的发展

运营隧道的通风,实际上是一项环境保护工程,包括隧道内的环境保护和隧道外的环境保护,而高速公路隧道一般位于野外,故以隧道内的环境保护为重点。通风的对象主要限于一氧化碳(CO)、烟雾和空气中的异味,以保证汽车行驶的安全性和舒适性,也有利于隧道内维修、养护人员洞内作业时的身体健康。

汽车尾气中排放出来的污染物有很多,主要包括CO、NO_x、CO_2、SO_2和烟雾等,其中以CO对人体健康的危害较为突出。CO为烃类不完全燃烧的产物,汽油车和柴油车运行均可能产生。CO之所以危害人体健康,在于其与血液中的血红蛋白Hb结合成CO-Hb的结合能力特别强,达到氧气与血红蛋白Hb结合成O_2-Hb结合能力的300倍。一旦CO进入人体过多,就会导致氧气在血液中的输送量不足,引起头痛、眩晕、呕吐,严重时甚至引起昏迷、死亡。如1924年美国匹兹堡市的自由(Liberty)隧道(1800m),因发生交通堵塞而导致乘客CO中毒神志昏迷事故。烟雾主要为重烃中未完全燃烧的炭颗粒,主要是由柴油车产生的。此外,车辆行驶过程中卷起的尘埃也将增大烟雾浓度。烟雾浓度主要影响行车安全,烟雾浓度越大,隧道内能见度越低,因而增大了行车的危险性。在国外的一些隧道中,为了降低隧道内的烟雾浓度,延长隧道纵向通风的长度,专门采用了静电除尘装置来改善隧道的视距及行车环境。另外,若隧道内的换气频率过低,还会导致隧道内异味集聚,影响隧道内驾乘人员的舒适性。对此《公路隧道通风设计细则》(JTG/T D70/2-02—2014)明确规定,隧道空间不间断换气频率不宜低于5次/h,交通量小或特长隧道可采用3~4次/h,采用纵向通风的隧道换气风速不应低于2.5m/s。其目的在于稀释空气中的异味。

运营通风在一些特殊场合也是必不可少的。如在高地温的特长隧道内,往往采用通风的方式达到降温除湿、保障隧道内的运营环境和设备工作条件的目的;在隧道运营过程中仍然存在瓦斯突出的隧道,也需要一定的通风量来确保洞内环境的安全性。就一般情况而言,运营公路隧道的通风系统主要是对CO、烟雾和空气中的异味进行稀释,其中,对CO进行稀释的目的是保证卫生条件,对烟雾进行稀释的目的是保证行车安全,而对异味进行稀释的目的是提高隧道内的行车舒适性。

1.2.1 隧道运营通风的方式及发展趋势

1) 运营隧道通风的基本方式

运营隧道的通风方式主要有自然通风和机械通风两种。当隧道较短或交通量较小时,可以采用自然通风;而当隧道较长或交通量较大时,需采用机械通风的方式。以单向交通隧道为例,根据《公路隧道通风设计细则》(JTG/T D70/2-02—2014),当单向交通隧道符合下面的条件时,宜设置机械通风:

$$L \cdot N \geqslant 2 \times 10^6 \tag{1-1}$$

式中:L——隧道长度(m);

N——设计交通量(辆/h)。

从式(1-1)可以看出,隧道长度和交通量都是影响隧道通风的重要因素。

公路隧道发展的初期,多是依靠自然通风或交通风进行通风的,这就是最早形成的纵向通风系统,这也是由当时的社会经济和技术条件所决定的。例如,英国的Rotheritech公路隧道虽然长度已经达到1913m,但当时通过的汽车数量较少,因而无须设置专门的机械通风系统,自然通风就能满足隧道的正常使用。当隧道超过一定长度后,或者通过的车辆数量增大时,仅仅依靠自然通风或交通风已经不能满足通风的需求,需要安装机械通风设备,以稀释和排出汽车排放的废气,因此,在20世纪20年代以后修建的隧道中,大都采用了机械通风方式。1927年通车的美国纽约荷兰隧道(2610m),就是世界上第一条设置机械通风系统的公路隧道。

根据风流流动方向和行车方向的位置关系,可以将机械通风分为全横向式、半横向式、纵向式以及这3种基本通风方式的组合方式。

(1) 全横向式通风

全横向式通风的基本特征是:分别设有送风道和排风道,通风风流在隧道内作横向流动,即隧道内风流流动方向与行车方向垂直,如图1-1所示。在公路隧道机械通风方式中,最初采用的是全横向通风方式。最早成功应用全横向式通风方式的是荷兰隧道,该隧道采用盾构法施工,圆形横断面,把行车道下部弓形空间作为送风道,上部设吊顶板,其弓形空间作为排风道,设计了将气流从下部空间流经隧道后送入上部排风道的全横向式通风方式。这种通风方式送风均匀,能见度好,能够有效排出火灾时的烟雾并可防止火灾蔓延,这也是世界上首次采用全横向式通风,并且获得了成功。由于该通风方式的可靠性高,在具有大交通量的长大公路隧道运营中广泛采用,其中比较著名的有法国和意大利边境的勃朗峰隧道(11600m)、瑞士圣哥达隧道(16918m)等。

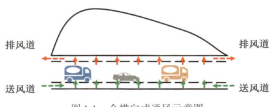

图 1-1　全横向式通风示意图

(2)半横向式通风

很显然,由于全横向式通风方式需要专门的送风道和排风道,因而要求的隧道横断面较大,通常在容易获得的圆形管道空间才能采用,而在其他形式的断面下,为了设置送、排风道往往会大幅度增加工程投资。为了减小隧道横断面积,节省工程投资,出现了采用一条风道和隧道相组合的折中通风方式,即所谓的半横向式通风。半横向式通风的基本特征是:由隧道通风道送风或排风,由洞口沿隧道纵向排风或抽风,这样风流既有部分平行于行车方向,也有部分垂直于行车方向。根据风道的作用,半横向式通风可进一步分为送风半横向式和排风半横向式,如图 1-2 所示。1934 年,英国的默而西隧道(3226m)首先采用了半横向式通风方式,随后在许多长度不太长的陆上隧道中,都采用了这种通风方式。

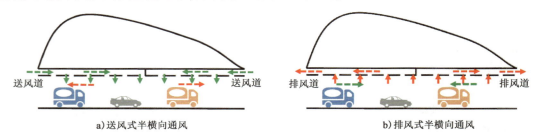

a)送风式半横向通风　　　　　　　　　　　b)排风式半横向通风

图 1-2　半横向式通风示意图

(3)纵向式通风

在 20 世纪上半叶,一些已建的短小隧道最初依靠自然风就可以满足需求,但随着交通量显著增加,需增设通风设备,但已不可能设置专用的通风管道,所以就采用了另一种通风方式——纵向式通风。纵向式通风从风流的方向来说与自然通风完全相同,其基本特征是:通风风流沿隧道纵向流动,纵向式通风还可以进一步分为集中送入式、集中排出式、射流风机式和竖/斜井送排式(分段纵向式)等,如图 1-3 所示。

(4)组合式通风

组合式通风为采用两种及两种以上基本通风方式进行组合的通风方式。常见的组合方式包括纵向通风与半横向排烟的组合通风方式、全射流通风与竖井送排的组合通风方式。如浙江括苍山隧道(7930m)采用了纵向通风与半横向排烟的通风方式,重庆铁峰山2号隧道(6025m)则采用了近期全射流通风、远期竖/斜井送排式通风(分段纵向式通风)的组合式通风方式。实际上,为了在灾害情况下防止火灾蔓延及烟雾回流,在集中送入式、集中排出式、竖/斜井送排式通风系统中大都配备了射流风机。在隧道建成初期交通量较小的情况下,采用射流通风即可满足需求,送/排风的轴流风机仅在交通量达到一定程度后开启,从这个意义上看,这种方式也属于一种组合式通风模式。

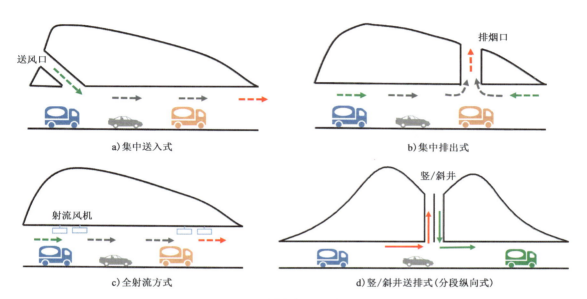

图1-3 纵向式通风示意图

2)运营隧道通风的发展趋势

最初的纵向式通风通常只在交通量较小或隧道较短的情况下采用,长大公路隧道仍然以全横向式或半横向式通风为主,这种情况在欧洲一直持续到20世纪70年代。日本公路隧道通风的研究起步较晚,但通风方式的发展情况则与欧洲大致相同。20世纪70年代以前,日本长大公路隧道的通风方式仍然以全横向或半横向为主,如1958年的关门隧道(3461m)成功采用了全横向通风方式,之后,在天王山隧道(1435m)采用了半横向通风方式,惠那山一线隧道(8489m)和屈子隧道(4417m)采用了全横向式通风。20世纪70年代后,受石油危机的影响,对于无论是通过车辆数还是长度都不断增加下的一批长大公路隧道,日本学者开始探讨能否采用以节能为重点的纵向通风方式。从此,隧道的通风方式逐渐由全横向式和半横向式向更经济节能的纵向式通风转变,如1984年建成通车的关越一线隧道(10885m)就采用了静电吸尘加竖井送排的通风方式。随后,纵向通风方式的研究在日本得到飞速发展,其中:坂梨隧道(4265m)和各务原隧道(3050m)采用了全射流纵向通风方式;1988年通车的福知山隧道(上行3590m,下行3597m)和子不知隧道(4557m)采用了静电吸尘的纵向通风方式;1981年通车的米山隧道(3154m)和1991年通车的关越二线隧道(10926m)都采用了静电吸尘加竖井送排式的通风方式等。由于纵向式通风具有显著的经济效益,据不完全统计,从20世纪80年代起,日本修建的隧道几乎都采用了不同类型的纵向式通风系统。

截至 2001 年,全世界已建成 300 多座长度 3000m 以上的公路隧道,20 世纪 80 年代以前建成的隧道多为全横向式或半横向式通风,以欧洲的瑞士、奥地利和意大利为代表。20 世纪 80 年代后,纵向式通风方式得到了迅猛发展,新修的长大公路隧道多采用纵向式通风或分段纵向式通风,以日本为代表。近年来,随着汽车排放标准的提高,控制公路需风量的因素已从 CO 浓度逐渐过渡到烟雾浓度,加上双洞分离式行车方式逐渐取代单洞方式,纵向式通风已占主导地位。欧洲各国也逐渐转变观念,在 20 世纪 80 年代后新修或增修的长大公路隧道中,纵向式通风或分段纵向式通风逐渐取代了全横向或半横向式通风方式。

1.2.2 国内隧道运营通风方式的现状

我国对公路隧道通风的研究起步较晚,同样经历了由横向式通风逐渐向纵向式通风转变的过程。早期修建的黄浦江隧道(2761m)及延安东路隧道右线(2261m)均采用了全横向式通风;1989 年通车的甘肃省七道梁隧道(1560m)是国内首次采用射流风机纵向式通风方式的公路隧道;1995 年建成的成渝高速公路上的中梁山隧道(3165m)和缙云山隧道(2528m),将原设计横向通风方式变更为全射流纵向通风方式和竖井分段纵向通风方式,是国内首次将纵向通风技术成功应用在 3000m 以上的公路隧道中,更是我国长大公路隧道纵向通风技术发展的里程碑。随后,铁山坪隧道(2800m)、梧桐山隧道(2270m)等一大批新修的公路隧道都采用了纵向通风方式。

对于西部山区交通量较小的单洞双向交通公路隧道而言,主要采用平行导洞压入式的半横向或分段纵向通风方式,如四川的二郎山隧道、鹧鸪山隧道等;对于大型的越江公路隧道而言,大多采用盾构法施工,尽管在行车道的上、下方均有大量的空间可以用作风道和逃生通道,但近期也普遍由采用半横向通风方式向通风塔分段纵向通风方式发展,下方空间主要在灾害情况下作为逃生通道用。对于其他大量的高速公路隧道而言,几乎全部采用了纵向式通风。其中当长度小于 5000m 时,主要采用全射流纵向式通风;当长度大于 5000m 后则主要采用竖/斜井分段纵向式通风,如亚洲最长的公路隧道——秦岭终南山隧道(18040m),以及我国台湾的坪林隧道(12900m)、西山隧道、虹梯关隧道等。

与斜井相比,竖井距离更短,不仅能有效缩短通风距离,还能降低工程投资,因此在地质等条件允许的情况下,采用竖井在分段纵向式通风中更为合适。利用竖井进行分段式纵向通风的最简单形式是单竖井送排式纵向通风,随着隧道建设规模的扩大和隧道技术水平的不断提高,隧道的长度越来越长,出现了双竖井、三竖井甚至更多竖井分段进行通风的隧道,因而近年来公路隧道通风竖井的数量和规模均有了大幅度增加。

1.3 米仓山公路隧道通风竖井工程概况

蜀道难,难于上青天。千百年来,北向出川,秦岭横亘,而巴陕高速公路米仓山隧道的贯通结束了千百年来秦岭对南北向交通的阻隔。巴陕高速公路米仓山隧道位于川陕交界位置,是 G85 银川至昆明高速公路的重要控制性工程之一。米仓山隧道贯通后四川巴中至陕西汉中的车程将由原来的 3.5h 缩短至 1h,促进了川陕两省的联系,为建成川陕革命老区振兴发展示范区、走出秦巴山区脱贫攻坚绿色发展新路提供了坚强的交通运输支撑。

1.3.1 米仓山公路隧道地质情况

米仓山隧道全长 13.85km,为左右分离式特长隧道,整体线路平面呈缓和 S 形曲线,设计行车速度为 80km/h,单洞双车道净宽 10.25m。该项目于 2013 年开工,2018 年底建成通车,如图 1-4 所示。隧道完工时为西南地区最长、全国第二长、世界第三长的公路隧道。隧道进口位于陕西省汉中市南郑区喜神坝乡小坝,出口位于四川省巴中市南江县关坝乡,其中陕西境内长约 3km,四川境内长约 10.8km,隧道穿越米仓山国家森林公园。地形具有"一山两岭夹一谷"的特点,隧道最大埋深约 1060m,中部谷地埋深约 430m。

a) 隧道位置　　　　　　　　　　　　b) 洞门

图 1-4　米仓山隧道位置及巴中端洞门

米仓山隧道隧址区所处区域构造背景为扬子准地台的北缘,跨及四川中坳陷区及地台北缘坳陷褶皱带两个二级构造单元,处在秦岭东西向复杂构造带与龙门山华夏系构造的接合部,应力场较复杂,南端位于弧形构造大巴山歪弧褶带内,区域上有古华夏系、东西向构造和新华夏系三种构造体系,场地主要受古华夏系构造控制。褶皱紧密,由于岩浆岩侵入和断裂破坏,褶皱多不完整,断裂以压性占绝对优势,少数派生分枝断裂也是压扭性的。隧址区分布有小坝—秦家坝断层及多个破碎带,图 1-5 所示为大地电磁法测试结果。隧址区场地地质构造体系复杂,岩浆活动强烈且多期,在区域应力场和局部应力场作用下,区内岩层中主要发育的节理裂隙为构造裂隙,区内地表岩浆岩地层中节理裂隙很发育。其中,出口段石英闪长岩裂隙发育多组,且不规则,裂面不规则~较平直,粗糙~较光滑微张~张开,少部分由泥质充填。裂隙局部密集分布,延伸长度一般为 2~8m,最长超过 16m。

隧址区穿越、揭露的地层主要有新生界第四系全新统松散堆积层和古生界寒武系中统陡坡寺组、下统石龙洞组、石牌组与元古界震旦系上统灯影组、下元古界上两组、东房沟组和晋宁期岩浆岩,进口段前段岩性以砂泥岩碎屑沉积岩为主,进口段后段岩性以白云岩的碳酸岩类为主,出口段主要为闪长岩及火成岩,如图 1-6 所示。

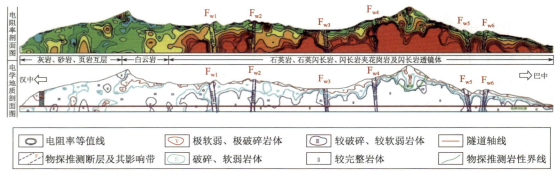

图1-5 大地电磁法勘探解析成果图

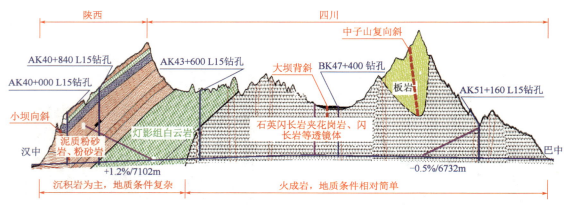

图1-6 米仓山隧道地质概况

1.3.2 米仓山公路隧道运营通风方案斜竖井设计方案

根据运营通风需要、地形和地质条件情况，综合考虑通风效果、土建投入等因素影响，米仓山隧道采用两端无轨斜井+中部竖井的四区段通风方案，如图1-7所示。

隧道分别在巴中端和汉中端设置一组斜井，并在隧道中部米仓山森林公园大坝设置通风竖井一座，米仓山隧道工程规模见表1-1。竖井净直径9m，采用中间分隔的方法，满足主洞送、排风的需求。

米仓山隧道规模　　　　　　表1-1

序号	隧道名称		起止桩号	隧道长度(m)
1	米仓山隧道主洞	左线	ZK39+699 ~ ZK53+532	13833
		右线	K39+734 ~ K53+526	13792
2	汉中端斜井(地面风机房)	左线	XZK0+000 ~ XZK1+886	1886（$i=14.53\%$）
		右线	XK0+000 ~ XK1+860	1860（$i=15.05\%$）
3	巴中端斜井(地面风机房)	左线	XZK0+000 ~ XZK1+582	1582（$i=15.04\%$）
		右线	XK0+000 ~ XK1+580	1580（$i=14.70\%$）
4	竖井(地下风机房,送排风)		—	431.8

注：i 为隧道坡度。

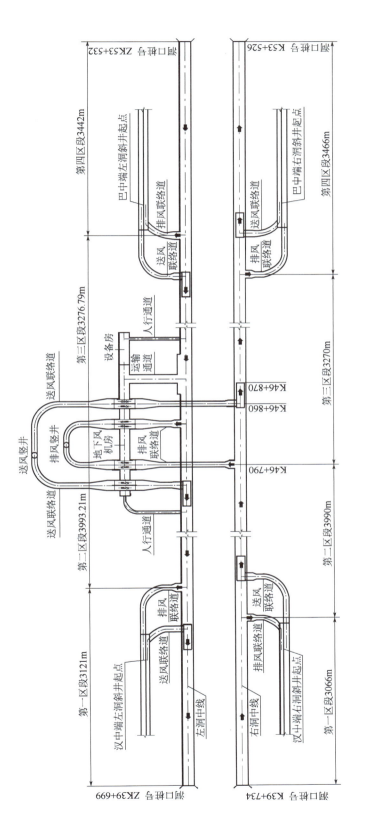

图1-7 米仓山隧道纵向四区段通风方案示意图

1.3.3 米仓山公路隧道通风竖井地质概况

竖井场区属中深切割的侵蚀~构造剥蚀地貌，中部高，南北两侧低，海拔835~2500m，相对高差约1700m，为中高山地貌。隧址区降雨多、雨量大，年际变化也较大。年降雨量：夏季占50%左右，秋季占20%左右；最少期为12月和1月，约20mm；暴雨多，年平均暴雨日数6~7d，多在7月和8月；绵雨多，年均约60d，多在9月—11月；夜雨多，夜雨率约为60%；区内多年平均降雨量可达1828mm，多年月平均降雨量可达279.8mm。11月底至次年3月底为冰雪期，有高山积雪，至次年4月为冰雪消融期；多年平均气温16.1℃，最低温度-12℃，多年平均蒸发量1500mm，多年平均蒸发量大于降雨量；多年平均相对湿度为68%。

地表水体较发育，冲沟多呈树枝状发育，除规模较大的冲沟有常年流水外，大多数水流较小，冲沟仅在雨季有季节性水流，主要的地表水体为西沟、农林河及石桥河。地表水体多以地表径流方式流向下游，少部分经第四系松散堆积层孔隙渗入地下补给地下水。竖井口附近农林河处于隧道中部穿越段的大坝景区，为常年性溪沟，由东向西排泄，沟水量较大，隧道穿越段枯水期流量可达2m³/s，在雨季可增大数十倍至百倍。

竖井场区上覆土层为第四系块石、细砂，下伏基岩为强风化~中风化流纹岩、辉长岩、闪长岩、花岗闪长岩。具体围岩特性如图1-8所示。

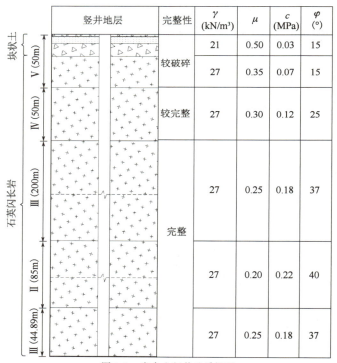

竖井地层		完整性	γ (kN/m³)	μ	c (MPa)	φ (°)
块状土 V (50m)			21	0.50	0.03	15
IV (50m)		较破碎	27	0.35	0.07	15
		较完整	27	0.30	0.12	25
石英闪长岩 III (200m)		完整	27	0.25	0.18	37
II (85m)			27	0.20	0.22	40
III (44.89m)			27	0.25	0.18	37

图1-8 米仓山竖井地质概况

1）第四系全新统

（1）崩坡积层

块石土：该层土在隧址区内广泛分布，松散~中密，稍湿~潮湿，主要分布于悬崖崖脚、陡坡及局部沟谷地带,透水性较好,一般厚2~6m。在隧道出口端斜井出口处最厚达17.3m,岩质成分主要为石英闪长岩。

(2)粉质黏土

以褐黄色为主,局部为深灰、灰色,呈硬塑~可塑状,湿土较黏手,具砂感,可搓成直径2~3mm的土条。其中碎石及角砾约占25%~30%,成分多为石英闪长岩,呈棱角状及次棱角状。该层结构不均,偶夹大块石,主要分布于缓斜坡及凹槽地带,局部垦为旱地或水田,隧道进口处厚1~2m,覆盖于块碎石土之上。

2)晋宁期岩浆岩

区内晋宁期岩浆侵入岩主要为中—基性及中酸性的石英闪长岩。石英闪长岩呈浅灰、浅绿灰色,中~粗粒结构不等粒,块状结构,主要矿物成分为斜长石,次为角闪石、辉石及石英等,以岩基状产出。质坚硬,锤击振手、回弹、声脆。局部夹有花岗岩及闪长岩、辉绿岩。区内该地层风化程度变化较大,不均匀,强风化层一般厚2~4m,在陡坡及悬崖一带变薄。

3)上两组

灰色、灰褐色板岩、绢云母板岩为主,夹白云岩、灰岩等,厚度大于1900m,板岩层间结合一般,受力局部会沿劈理面产生破裂。该层仅分布于山顶一带(即中子山复向斜轴部一带),结合地面物探EH4解释成果,推测该地层未延伸至洞身段。

隧址区属四川盆地断裂构造区,地震活动性均相对较弱,且区内无已知震中分布。根据国家标准《中国地震动参数区划图》(GB 18306—2015)第1号修改单,区内动峰值加速度0.05g,地震基本烈度Ⅵ度;区内地震动反应谱特征周期分区为2区,动反应谱周期为0.40s,属中硬较稳定场地。

1.4 米仓山公路隧道竖井建造流程与重难点

1.4.1 主要建造流程

1)编制设计文件

竖井总体设计是确定竖井建设的总规模、建设顺序和达到建设总规模所需要建设的水、电、机、材等材料生产基地等附属、辅助生产设施,以及保障后勤生活等设施,并估算出各种经济技术指标。初步设计的主要内容包括设计指导思想、总平面布置、施工方式、设备选型、生活区建设、占地面积、建设工期以及总概算等文字说明和图纸。经批准的初步设计和总概算是确定建设项目总投资、征用建设用地等的主要依据。施工图设计依据是初步设计和更详细的调查研究资料编制而成。施工图进一步地确定初步设计中所采用的工艺流程,并对初步设计中的建设规模和技术经济指标进行校正。施工图设计一般包括施工总平面图、产生附属设施布置图等。

2)建设准备

建设准备工作的内容主要有征地拆迁、施工设备安装、"四通一平"以及进一步的地质勘探,组织工程的施工招标等。

3) 组织施工

竖井施工是竖井建设程序中的关键环节。施工开始前,施工单位要认真做好图纸的会审工作,明确质量要求。当施工准备工作基本就绪后,需向上级领导部门申请开工报告,经有关部门审核批准后再正式开工。在施工过程中,要严格按照设计及施工验收规范施工,确保工程质量。对隐蔽工程要做好原始记录,要进行隐蔽前的质量检查。对不符合质量要求的工程,不得交工,要及时采取措施补救,同时要确保参建各方的紧密协作配合,实现投资、物资供应和施工力量的全面落实,确保建设进度。

4) 竣工验收和交付使用

竣工验收是评价工程质量、总结建设经验、保证所建项目按设计要求的指标正常生产的重要环节,是办理工程决算的依据。建设项目通过施工过程验收,在环保、消防、安全等方面达到设计标准,经验收合格、试运转正常后方可投入使用,并经质量认证后才可办理竣工验收。

1.4.2 米仓山公路隧道竖井建设的重难点

(1) 原设计两个竖井,受场地限制采用一套设备先后顺序施工,安全风险增加。因场地限制,原设计两个竖井,只能采用一套设备、一套人马分先后两次独立施工,存在两次施工安全风险,致使安全风险积累增加。

(2) 小井筒传统凿井装备简单,安全不可控。复合式衬砌结合长段掘砌单行作业方式是煤矿部门20世纪90年代广泛采用的一种方式,目前很少采用,但在公路行业仍然普遍采用,主要适用于井筒直径小于7m的竖井,其作业人员配置要求较低,井筒机械装备简单,通常由人工手持钻机钻眼,人工装渣,井下作业人数较多;井内配置一个双层工作吊盘,简易轻型井架,单钩提升兼顾掘、砌两大作业,提升速度慢,安全不可控。

(3) 小井筒复合式衬砌,工序较多,单位面积工序密度大,效率较低。井筒打眼爆破后,通风、出渣提升,然后及时施作锚喷支护,初喷混凝土,锚杆钻孔,安装钢筋网与锚杆,必要时架设钢架,然后复喷混凝土至设计厚度,一般锚喷支护段高为30~60m后从壁座施作二次衬砌,所有作业都是平行作业,工序较多,对于小井筒,单位面积工序密度大,月成井不到30m,效率较低。

1.4.3 亟待解决的关键技术问题

在工程建设中,米仓山隧道竖井建设主要面临的技术问题如下所述。

1) 竖井方案比选与结构设计

如上所述,当采用分离式布置时面临施工风险、成本、工期等诸多问题,而采用二合一单井方案时则可以较好地规避上述问题,但是采用单井方案时竖井直径则会随之增加。国家标准《公路隧道设计规范 第一册 土建工程》(JTG 3370.1—2018)对直径不大于7m的竖井对应的支护参数设计做了较为具体的规定;而对于直径7m以上的竖井设计,目前则无相关依据。长期以来,对于公路竖井围岩荷载的计算存在较多争议,因此在设计中主要根据工程类比方法进行支护设计,目前公路行业竖井中主要采用复合式衬砌,这种支护工序较为复杂,不仅会增加施工工期还会增加施工风险,而煤矿部门立井井筒则广泛采用单层衬砌,这种支护方式较为简单,施工速度也能得到保证。因此,选取合适的竖井方案和结构设计参数对于竖井的建设具有重要意义。

2)大直径竖井施工方法及机械化配套

对于大直径竖井而言,采用先进的施工技术和适宜的机械配套方式能有效提升竖井施工质量和施工速度,进而起到缩短建设工期、节约建设投资的作用。自20世纪80年代末期以来,混合作业法及机械化配套在矿井建设领域逐步推广,近年来已经得到了广泛的应用,起到了较好的效果。而长期以来,公路竖井建设领域采用长段单行作业方法,机械化配套水平降低,这在一定程度上制约了公路竖井的建设水平。因此,如何在公路竖井中引入先进的施工方法、实现适宜的机械化配套是该工程建设的关键。

第 2 章
公路隧道通风竖井建造技术的发展

作为重要的配套附属工程,长期以来竖井结构在矿山能源、水利水电、市政交通等不同领域得到了广泛的应用,对应的设计理论方法、施工工艺方法经历了多个发展阶段。本章主要介绍公路通风竖井设计理论及施工方法和我国公路通风竖井的建设发展现状。

2.1 竖井结构设计理论和方法

2.1.1 散体竖井围岩压力理论

散体压力理论主要发展于 20 世纪 20 年代以后,散体围岩压力理论认为地下工程周围岩体受人类工程活动的影响,周围岩体在工程施工后处于松散破碎状态,此时周围岩体对地下工程支护的作用力主要以松动压力为主。针对地下工程围岩的松动压力研究,竖井水平围岩压力计算理论主要有以下几种:

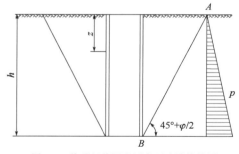

图 2-1 普氏竖井围岩压力理论计算简图

1)普氏竖井围岩压力理论

该理论假定地下岩体由于节理裂隙存在的原因,经过人类工程扰动后成了松散岩体,但是仍然存在一定的黏聚力,同时竖井井壁支护视作为挡土墙,背面光滑无摩擦[1]。普氏竖井围岩压力理论计算简图如图 2-1 所示。

根据散体围岩极限平衡方程可以得到围岩侧向压力 P 的计算公式如下:

$$P = \gamma z \tan^2\left(\frac{90° - \varphi}{2}\right) \tag{2-1}$$

式中:γ——岩体重度;

φ——竖井穿越所有岩层内摩擦角的加权平均值;

z——岩体埋深。

应当注意到普氏竖井围岩压力理论中 φ 为竖井穿越所有岩层的内摩擦角的加权平均值,

使围岩侧向压力计算能够得到大幅简化,这也是普氏竖井围岩压力理论在应用实际时精确度不高的原因之一。根据普氏竖井围岩压力理论可以知道,竖井周边围岩侧向压力仅受竖井深度影响,深度越深,侧向压力也就越大,并且在竖井周围呈现三角形分布规律[2]。但是若竖井足够深则竖井底部井壁支护所需承受的围岩侧向压力会变得极大,可能会出现无支护的情况,因此普氏竖井围岩压力理论在深竖井工程中不适用。

2)秦氏竖井围岩压力理论

秦氏竖井围岩压力理论是由秦巴列维奇提出,并于1952年进行修正的一种用于计算竖井水平压力的方法[3]。秦氏竖井围岩压力理论也就是《公路隧道设计规范 第一册 土建工程》(JTG 3370.1—2018)中用于计算竖井围岩压力的方法。秦氏竖井围岩压力理论认为若竖井穿越围岩是由多层岩层组成,可分层计算围岩压力值,并且可以将竖井井壁支护视作为一种承受周边围岩主动压力的挡土墙。根据此描述出受力简图(图2-2),并参照挡土墙理论进行分析推导公式。

3)萨氏竖井围岩压力理论

波兰学者萨乌斯托维奇主张对于竖井周边围岩侧向压力计算时应当对每种岩石产生的侧向压力进行单独计算。萨氏竖井围岩压力理论是基于普氏竖井围岩压力理论的观点,认为应当在松散围岩体重采用挡土墙计算原理。其竖井侧向压力受力简图如图2-3所示。

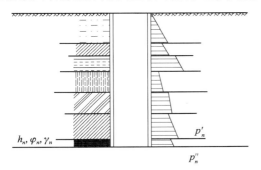

图2-2 竖井分层围岩压力计算图

h_n、φ_n、γ_n-分别为任一岩层的厚度、内摩擦角、重度;
p'_n、p''_n-分别为任一岩层顶部和底部的侧向压力

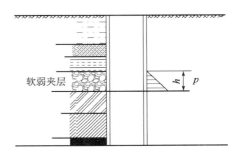

图2-3 萨氏竖井围岩压力计算简图

经过分析,得到用以计算作用于竖井井壁的侧向压力公式:

$$p = \gamma h \frac{1-\sin\varphi}{1+\sin\varphi} \tag{2-2}$$

式中:$\frac{1-\sin\varphi}{1+\sin\varphi}$——萨氏理论的围岩侧压力系数;

其余符号含义同前。

公式(2-2)实际上与普氏竖井围岩压力理论是一致的,不过区别在于软弱夹层 h 的取值问题。萨氏理论认为在完整围岩地层中,若某一深度处的围岩处于松散破碎状态,即存在软弱夹层,初始围岩压力已经得到释放,则此深度处的围岩侧向压力大小取决于松散围岩压力释放程度。若是围岩压力没有受到扰动或者是因为某些原因没有得到释放,则 h 需要从地表开始算起,此时即为普氏围岩压力理论算法。如果围岩压力全部释放完毕,则在计算侧向压力时 h

应该从软弱夹层的顶板开始算起,如图 2-3 所示。

萨乌斯托维奇认为如果竖井周边完整围岩深度低于临界深度并且是已经受到扰动,这种围岩可以认为是松散状围岩[4]。

4) 悬浮体围岩压力理论

在 20 世纪 50 年代,苏联学者索科洛夫斯基在秦氏竖井围岩压力理论的基础上推导衍生出了索氏竖井围岩压力理论,即悬浮体围岩压力理论[5]。在竖井围岩压力计算时基本同秦氏竖井围岩压力理论一致,不同点在于索氏竖井围岩压力理论考虑到了地层中水压力作用。在地下水位以上直接按照秦氏竖井围岩压力理论计算,但是对于深度低于地下水位高度的围岩在计算时围岩重度需要采用悬浮重度 γ',同时还需要加上静水压力作用,此时任一岩层上下围岩对竖井井壁的侧向压力计算采用式(2-3)、式(2-4)。

$$p'_n = \left(\sum \gamma_n h_n + \sum \gamma'_{n-1} h'_{n-1} \right) \tan^2\left(\frac{90° - \varphi_n}{2} \right) + \gamma_0 H_{n-1} \tag{2-3}$$

$$p''_n = \left(\sum \gamma_n h_n + \sum \gamma'_n h'_n \right) \tan^2\left(\frac{90° - \varphi_n}{2} \right) + \gamma_0 H_n \tag{2-4}$$

式中:h'——地下水位以下任一岩层的厚度;

γ_0——地下水的重度;

H——静水位高度;

其余符号含义同前。

索氏竖井围岩压力理论衍生于秦氏竖井围岩压力理论,仅是解决了地下工程地层中存在水压作用问题,较之秦氏理论而言计算精确度有所提高。但是同秦氏竖井理论一样,此理论主要是针对初始围岩为软弱松散围岩的工程,无法解决硬岩竖井围岩侧向压力计算问题。悬浮体竖井围岩压力计算简图如图 2-4 所示。

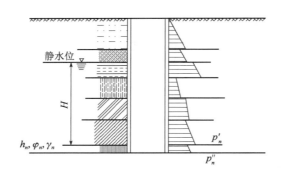

图 2-4 悬浮体竖井围岩压力计算简图

以上几种竖井围岩压力理论便是实际竖井工程较为常用的计算作用于井壁上的围岩侧向压力的方法,在本质上上述理论均是以散体极限平衡为基础,辅以平面挡土墙原理推导得到的。实践表明以上各类竖井围岩压力计算理论仅适用于浅层的表土,竖井的深度越大,这些公式计算得到的围岩压力偏差就越大[6,7]。

散体围岩压力理论的核心在于认为地下结构所受到的围岩压力皆是松动压力,周边围岩为松散岩体,并且普遍认为作用于竖井井壁的仅有围岩侧向压力不存在其他力,这与实际工程尤其是以现浇混凝土作为竖井衬砌的工程是极为不相符的。以上各种理论在不同工程条件下均有一定的适用性,可用以估算作用于竖井井壁的侧向压力的大小,但是其同样存在着一定的缺陷。各理论在进行竖井侧向压力计算分析时,均是从围岩的角度去考虑,对于竖井的形式以及竖井的直径大小没有进行考虑,均是认为在深度一定时竖井井壁所受到的围岩压力与竖井本身参数没有关系,这也是不合实际的。这些散体围岩压力理论在竖井开挖直径较小时应用或许没有问题,但是针对现有公路隧道竖井直径普遍偏大的实际工程将不再适用。

2.1.2 弹塑性压力理论

随着对地下工程围岩应力分析的逐步深入，人们逐渐意识到地下硐室围岩从进入塑性状态直到破坏，必须要考虑到围岩的塑性问题和破坏问题以研究地下硐室的围岩稳定性。在此基础上有多位专家和学者基于弹塑性理论和摩尔—库仑破坏准则提出了可用于计算地下硐室围岩塑性压力的计算公式。弹塑性围岩压力理论主要发展于 20 世纪 50 年代以后，比较著名的有用于计算塑性松动压力的卡柯（Caquot）公式以及用于计算塑性形变压力的芬纳（Fenner）公式[8]。

弹塑性围岩压力理论主要是应用于地下工程在开挖后，由于二次应力的作用导致地下工程周围岩体由原来的弹性变形状态进入不可逆的塑性变形状态。围岩的塑性形变压力主要是指在地下工程施工过后，地下工程周围的岩体所承受的应力超出了围岩自身的强度，进入了塑性形变状态。当地下工程进行支护过后，由于支护结构的存在，能够阻止地下工程周围岩体进一步的变形，此时也产生了围岩作用在支护结构上的力，这也是弹塑性围岩压力理论的基本思想。

1）卡柯（Caquot）公式

塑性松动压力的计算是以围岩二次应力弹塑性分析为基础，此方法认为在地下硐室施工后，由于各种应力的作用，在地下硐室周围会形成围岩塑性圈。在塑性圈内，围岩相对比较破碎，甚至会产生垮塌的现象，此时塑性圈内的破碎围岩自重应力作用在地下硐室之上即为塑性松动压力。

对卡柯公式作了如下几点假设：

（1）当地下硐室施工后，周围岩体二次应力呈弹塑性分布。在塑性圈充分发展后，塑性圈内岩体自重就是作用在工程支护上的围岩松动压力。

（2）当 $\lambda = 1$ 时，分析硐室顶部的单元体，以此考虑最不利的围岩压力状态。

（3）在塑性区边界上，围岩的黏聚力为零，即 $r_a = R_p$，$\sigma_{rp} = 0$。

（4）塑性圈内的岩体服从摩尔—库仑破坏准则。

卡柯公式计算简图如图 2-5 所示。

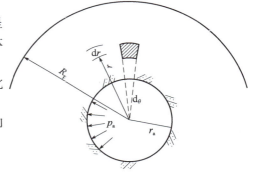

图 2-5 卡柯公式计算简图

由图 2-5 看出，在顶部取一单元体进行分析，根据静力平衡方程以及莫尔—库仑准则，联合上述所讲的边界条件，可以解得作用在支护上的塑性松动压力[9]为：

$$p_a = c\cot\varphi \left[\left(\frac{r_a}{R_p}\right)^{\xi-1} - 1 \right] + \frac{r_a \gamma}{\xi - 2}\left[1 - \left(\frac{r_a}{R_p}\right)^{\xi-2} \right] \tag{2-5}$$

式中：c——岩土体黏聚力；

φ——岩土体内摩擦角；

γ——岩土体重度；

r_a——井筒半径；

R_p——塑性区半径；

ξ——塑性系数，其值等于 $\dfrac{1+\sin\varphi}{1-\sin\varphi}$。

卡柯公式进行计算时是以围岩的二次应力为基础进行分析的,影响因素仅考虑到了围岩本身自重,若是对地层中的最大主应力加以考虑,可以得到更加准确的应力计算结果。

2) 芬纳公式

法国学者芬纳(Fenner)基于弹性力学的分析方法于1938年提出的用于计算围岩塑性形变压力的理论公式。芬纳公式主要基于以下假设:

(1) 围岩满足 $\lambda = 1$ 时圆形硐室二次应力为弹塑性分布的条件。

(2) 在塑性区边界上,围岩的黏聚力为零,即 $r_a = R_p$、$c = 0$。

(3) 在地下硐室周围有支护作用,同时假定地下工程的支护对围岩的作用力为 p_i,根据力的相互作用原理,这个力即为我们所求的围岩的塑性形变压力。

芬纳在进行弹塑性二次应力计算时,根据静力平衡条件建立了微分方程,并结合地下工程塑性圈的应力方程和边界条件推导出了用以计算塑性形变压力的芬纳公式。即:

$$p_i = \left[p_0(1-\sin\varphi) + c\cot\varphi\right]\left(\frac{r_a}{R_p}\right)^{\xi-1} - c\cot\varphi \tag{2-6}$$

式中:p_0——围岩初始应力;

ξ——塑性系数,其值等于 $\dfrac{1+\sin\varphi}{1-\sin\varphi}$;

R_p——塑性区半径。

芬纳公式计算简图如图2-6所示。

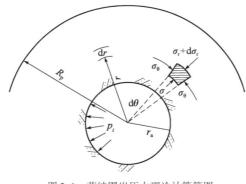

图2-6 芬纳围岩压力理论计算简图

芬纳公式的主要影响因素为初始应力大小、地下工程围岩的黏聚力和内摩擦角大小以及塑性区的半径 R_p 等。尤其是在计算地下工程所受到的压力时,对塑性区半径的准确度要求较高[10]。

在计算围岩的二次应力时,如果此时无支护结构,则围岩的塑性变形将会达到最大,塑性圈也就最大,在支护结构作用后,支护结构阻止了周围岩体形变的继续发生,这也导致塑性圈的变小,未发生塑性形变的能量将会由支护结构承担,也就是塑性形变压力[11]。因此我们可以知道在工程条件确定的情况下,作用在支护结构上的塑性形变压力与塑性圈大小成反比,即地下结构的塑性圈越小,作用在地下结构支护上的塑性形变压力就越大。

应当注意,较为重要的一点是芬纳公式并未考虑在塑性区内围岩的自重应力影响,这也必然导致在估算塑性圈半径时会偏大,计算得到的塑性形变压力会小于实际值,有可能导致实际支护设计偏离安全状态。因此在实际应用中,一般采用现场实测的方法获得塑性圈半径的大小,以此来计算实际作用在支护结构上的塑性形变压力。

关于芬纳公式的应用方面,有多位学者进行了研究和修正,如任青文等[12]考虑到运营期的地下硐室可能会因为高内压而产生塑性区,此时芬纳公式已不再使用,应将 σ_θ 作为第一主应力进行计算,此时计算公式应变为:

$$p_i = \left[p_0(1 - \sin\varphi) + c\cot\varphi \right] \left(\frac{r_a}{R_p} \right)^{\frac{\xi}{1-\xi}} - c\cot\varphi \tag{2-7}$$

此公式可适用于地下硐室运营期间由于内压作用导致其周边出现围岩塑性区的情况，此时内压大小应满足：

$$p_i \geq c\cos\varphi + p_0(1 + \sin\varphi) \tag{2-8}$$

在芬纳公式基础上提出新的假设将其应用在圆形土层竖井中，其假定竖井是位于半无限空间体中，并且采用平面应变状态对竖井进行分析。最后发现使用此理论进行土层竖井设计要比朗肯土压力理论更加合理[13]。

3）卡斯特纳尔围岩压力理论

卡斯特纳尔（Kastner）在芬纳公式的基础上同样提出了用以计算塑性形变压力的方法，其计算思路与芬纳相同，不同之处在于卡斯特纳尔并未增加其他附加假设条件。即卡斯特纳尔求得结果是一个解析解而并非像芬纳公式得到的近似结果。

卡斯特纳尔公式基于如下假设条件：

（1）围岩满足 $\lambda = 1$ 时圆形硐室二次应力为弹塑性分布的条件；

（2）在地下硐室周围有支护作用，同时假定支护对围岩的作用力为 p_i。

其计算简图与芬纳公式相同，最后可求得塑性形变压力为：

$$p_i = \frac{1}{\xi^2 - 1} \left[2p_0(\xi - 1) + 2\sigma_c \right] \left(\frac{r_a}{R_p} \right)^{\xi - 1} - \frac{\sigma_c}{\xi - 1} \tag{2-9}$$

与芬纳公式相同，卡斯特纳尔公式中塑性形变压力的大小取决于塑性圈的大小和围岩初始应力以及岩体本身的强度参数。同时根据公式可以知道，当塑性圈半径和地下硐室开挖半径相同时，塑性形变压力达到最大，也就意味着如果地下硐室开挖后若要使周围岩体不产生塑性变形，就必须提供最大的支护作用力。在应用至实际工程时，需要根据实际情况对卡斯特纳尔公式进行修正，以便得到的计算结果更加精确和符合实际。

2.2 竖井施工方法

目前公路竖井施工过程中较常采用的方法主要有正井法（凿岩爆破一次成形法）和反井法（先导井后扩挖）。

2.2.1 正井法

正井法是指在竖井井口位置布置提升、吊挂等设备和设施，从井口开始自上而下施工，井筒开挖采用一次凿岩爆破成形的方法，在爆破后采用抓岩机或其他设备装渣，采用吊桶提升运输洞渣和材料，出渣完成后施作支护。根据竖井深度、地质情况、施工设备和施工顺序的不同，正井法可分为全井单行作业法、长段单行作业法、短段单行作业法和长段平行作业法，各工法特点见表2-1。凿岩爆破一次成形法的优点是施工技术成熟，可提前开工，并可解决主洞施工的通风难题；缺点是装渣、出渣效率低，成井进度较低，空间狭小，地下水排出困难，存在一定的安全隐患。

竖井正井法各方案比较表 表2-1

方法	特点	优点	缺点	适用范围
全井单行作业法	竖井自下而上掘进到底，然后自下而上浇筑二次衬砌	施工只需1套吊盘设备，作业单纯，无干扰，管理方便	掘进和衬砌不是平行作业，工期长；当地质较差时需完全靠初期支护承受围岩压力，安全性偏差	竖井不深，地质良好
长段单行作业法	竖井自下而上掘进100～150m到达壁座后，停止掘进，浇筑二次衬砌，完成后，再开始下一循环	施工只需要1套吊盘设备，作业单纯，干扰少，管理方便，且能保证竖井安全	工期偏长，壁座需进行特殊设计，保证下一循环掘进时二次衬砌不脱落	竖井不深，地质相对较差
短段单行作业法	二次衬砌紧跟开挖面	属单行作业，设备简单，竖井的安全性好	工期偏长，二次衬砌接头多，整体性较差，防水性能差	竖井深，地质十分差
长段平行作业法	掘进和衬砌同步进行，两工作面相距不小于30m，二次衬砌均从壁座开始	平行作业，总工期短	需要掘进和衬砌2套吊盘，设备多，施工复杂，干扰大	竖井深，地质差

2.2.2 反井法

反井法又称先导井后扩挖法，是先开挖用于溜渣的导洞，再进行正向或反向扩大竖井的施工方法。根据导洞施工方法的不同，可以将反井法分为吊罐反井正向扩大法、爬罐反井正向扩大法、钻机反井正向扩大法，各工法特点见表2-2。

竖井反井法各方案比较表 表2-2

方法	特点	优点	缺点	使用范围
吊罐反井正向扩大法	自上而下在竖井中心钻一个直径10～15cm导孔，井下联络风道安装吊罐，悬挂于导孔钢丝绳上；工作人员在吊罐中自下而上施工直径为200～300cm的反井，自上而下扩大成竖井	竖井扩大施工时，可利用反井出渣、通风、排水等，成本低、效率高	地质不良时，吊罐自下而上施工掘进不安全，容易发生伤亡事故	竖井不深，地质较好（现在已很少采用）
爬罐反井正向扩大法	直接使用爬罐机自下而上施工直径为200～300cm的反井；反井完成后自上而下扩大成竖井	优点同吊罐法，且可节约预先钻导孔的费用和时间	爬罐构造复杂，安装技术要求高，在地质不良时，反井施工不安全	竖井不深，地质较好（现已很少采用）
钻机反井正向扩大法	在竖井中心采用地质钻机钻直达底部的直径20～30cm导孔；井下联络风道安装大钻头，施工直径200～300cm反井；自上而下扩大成井	施工安全，速度快	需要大型反井钻机设备，设备费用较高	竖井深度小于400m，地质良好

其中，反井钻机正向扩大法是20世纪60年代在国际上出现的将竖井钻机和巷道掘进机相结合形成的用于地下工程竖井施工的新工艺。其中导井施工主要包括导孔钻进和扩孔两个施工步骤，如图2-7所示。该施工方法已经较为成熟，在煤矿、水电等领域得到了较为广泛的应用。

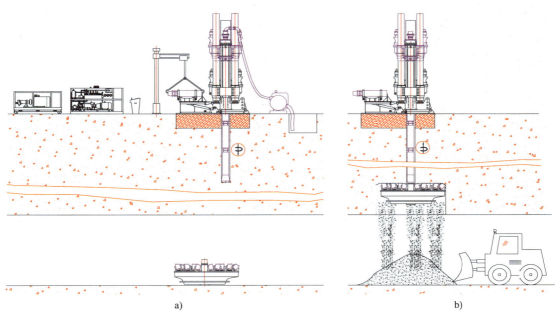

图 2-7 反井钻机法施工示意图

1) 反井钻机法施工步骤

(1) 钻机基础施工。反井钻机基础采用 C15 混凝土浇筑，并预埋螺栓，达到强度后，安装固定反井钻机，即可进行导孔施工。注意要保证基础在导井范围内无拉筋等对钻头有损的硬物。

(2) 导孔钻进。根据导孔钻进过程观测以及返出岩屑情况，可以对地层有初步定性的分析和了解，为扩孔钻进、孔壁维护提供参考。导孔钻进时，如发现钻具旋转困难、漏浆，可能是遇到裂隙、破碎带等，此时应把钻具边旋转边提高到一定高度，再慢慢向下扫孔，并加大循环液量；将断层中泥质部分冲洗干净后，提钻进行灌浆（水泥浆或水泥砂浆）处理，灌浆时由稀浆逐渐增大稠度，然后重新钻进；当通过全部影响带后，再将钻具提出，用稀浆进行全孔灌浆来增强地层稳定性和封堵部分地层涌水，然后继续钻进。循环液采用膨润土。导孔偏斜控制是反井钻机施工的技术关键，因此，钻机安装应牢固、定位准确；根据地质条件选用螺旋、直条等多种镶齿稳定钻杆和硬岩导孔钻头，并选择不同的钻压、钻速和转速；挑选有经验的操作人员，按规程操作，及时发现和处理钻进中的问题。

(3) 扩孔。导孔和下部隧洞贯通后，换接扩孔钻头，慢速上提钻具至滚刀开始接触岩石，用最低转速旋转，并慢慢给进，保证钻头滚刀不受过大的冲击而破坏。待刀齿将突出的岩石破碎掉，再继续给进，等钻头全部均匀接触岩石，再进行正常扩孔。如岩石硬度较大，可适当增加钻压，反之减小钻压。扩孔时如发现排矸不畅、压力不稳、钻头激烈晃动等情况，可能是大块矸石落到刀盘磨挤刀具所致，此时应将刀具下放一定距离，高速旋转，将矸石甩掉再继续扩孔。当扩孔钻头距基础 2.5m 时，要降低钻压慢速钻进，并观察有无异常现象，如有异常要及时处理，直至钻头露出地面，如图 2-8 所示。

a)　　　　　　　　　　　　　　b)

图2-8　反井钻机钻头

2）反井钻机法的优点

(1) 山上施工场地较小,施工设备相对较少,不需要在山上弃渣,有利于环保,对自然环境破坏小。

(2) 由于有反井的自由面存在,扩大施工时爆破效率高,有利于实现深孔光面爆破。

(3) 地下水和爆破下来的岩石直接落到下部隧道或平巷内,提高了出渣和清底的速度,加快凿井进度。

(4) 减小吊桶容积和提升设备规模,节省吊泵等临时排水设备,降低成本。

3）反井法的缺点

(1) 只有主洞施工到竖井处才能开始竖井施工,不能缩短主洞施工通风距离。

(2) 反井贯通后,仍需正井扩挖;上口需布置一套提升吊挂设施和设备。

(3) 随着竖井深度的增加,反井钻孔容易产生偏斜,且施工难度越来越大,施工速度越来越慢,造价也会相应增加。

2.3　我国公路隧道通风竖井建设规模发展及现状

新中国成立以来,我国公路交通基础设施建设得到了快速发展,相继建成了川藏、青藏、成鹰、宝成、沈大等多条干线公路。随着公路里程和规模的不断增加,公路隧道建设也得到了快速发展,特别是在党的十一届三中全会之后,随着高速公路建设的全面展开,我国公路隧道工程的建设进入了前所未有的高峰期,相继涌现出了梧桐山隧道、马尾隧道、中梁山隧道等一大批具有代表性的隧道工程。进入21世纪以来,我国公路隧道的建设得到了长足发展,年均增长率高达20%,建成了华蓥山隧道、雁门关隧道、秦岭终南山隧道等一大批标志性工程。根据交通运输部发布的交通运输行业发展统计公报,截至2019年底,全国公路总里程501.25万km,比上年增加16.60万km(图2-9)。公路密度52.21km/(百 km^2),增加1.73km/(百 km^2)。公路养护里程 495.31 万 km,占公路总里程 98.8%。全国公路桥梁 87.83 万座、6063.46 万 m,比上年增加 2.68 万座、494.86 万 m,其中特大桥梁 5716 座、1033.23 万 m,大桥 108344 座、2923.75 万 m。全国公路隧道 19067 处、1896.66 万 m,增加 1329 处、173.05 万 m,其中等长隧道 1175 处、521.75 万 m,长隧道 4784 处、826.31 万 m。

图 2-9　2015—2019 年全国公路总里程及公路密度

我国隧道建设的快速发展直接带动了公路竖井的建设,表 2-3 统计了我国典型竖井的建设情况。

国内典型竖井建设情况　　　　　表 2-3

隧道名称	隧道长度(m)	竖井深度(m)	竖井规模(m)	布置方式	衬砌形式	修建完成时间(年)	施工方法
新七道梁隧道	4070	171	φ6	二合一	复合式衬砌	2005	正井法（长段单行）
夹活岩隧道	5228	365	φ8	二合一	复合式衬砌	2006	正井法（导井扩挖3.0m）
明月山隧道	6543	278	φ7.4	二合一	复合式衬砌	2006	正井法[长段单行作业（壁座距离）]
苍岭隧道1号竖井	7605	270	近似椭圆8m×7m	二合一	复合式衬砌	2006	正井法（导井扩挖3m）
苍岭隧道2号竖井	7605	325.3	圆端形3.5m,接矩形3m×7m	二合一	复合式衬砌	2006	正井法（导井扩挖3.8m）
双峰隧道左线竖井	6187	317	圆端形3.5m,接矩形3m×7m	分离布设	复合式衬砌	2007	正井法（导井扩挖4m）
双峰隧道右线竖井	6187	339.5	圆端形3.5m,接矩形3m×7m	分离布设	复合式衬砌	2007	正井法（导井扩挖4m）
包家山隧道	6410	243	φ7.5	二合一	复合式衬砌	2007	正井法（长段单行作业30~40m）
龙潭隧道3号竖井	8693	335	φ7.0	二合一	复合式衬砌	2007	正井法
龙潭隧道4号竖井	8693	349	φ5.3	二合一	复合式衬砌	2007	正井法
大坪里隧道1号竖井	12288	233	φ9.2	二合一	复合式衬砌	2007	正井法

续上表

隧道名称	隧道长度（m）	竖井深度（m）	竖井规模（m）	布置方式	衬砌形式	修建完成时间（年）	施工方法
大坪里隧道4号竖井	12288	185	—	—	—	2007	—
雪峰山隧道	6956	360	φ6.5	二合一（非对称）	复合式衬砌	2008	反井法（中心扩孔）
括苍山隧道1号竖井	7929	211.1	椭圆形（最大宽度12m，80m^2）	二合一	复合式衬砌	2008	正井法（导井扩挖）
括苍山隧道2号竖井	7929	183.3	椭圆形（最大宽度12m，80m^2）	二合一	复合式衬砌	2008	正井法（导井扩挖）
乌池坝特长公路隧道	6693	266.6	净直径7.0m	二合一	复合式衬砌	2008	正井法
大坪里隧道2号竖井	12288	237	—	—	—	—	—
大坪里隧道3号竖井	12288	207	—	—	—	2008	—
秦岭终南山隧道1号竖井	18020	190m	φ10.8	二合一	复合式衬砌	2008	反井法（中心扩孔）
秦岭终南山隧道2号竖井	18020	661m	φ11.2	二合一	复合式衬砌	2008	正井法（全断面）
岭终南山隧道3号竖井	18020	393m	φ11.5	二合一	复合式衬砌	2008	反井法（中心扩孔）
西山特长隧道1号竖井	13654	347	φ7.9	—	—	—	—
西山特长隧道2号竖井	13654	156.8	φ8.2	二合一	复合式衬砌	—	正井法（全断面）
石牙山隧道	4606	157	φ7	二合一	复合式衬砌	2009	反井法（中心扩孔）
洞宫山隧道排风竖井	6541	145.3	φ6.2	分离式	复合式衬砌	2012	反井法（中心扩孔）
洞宫山隧道送风竖井	6541	143.7	φ6.6	分离式	复合式衬砌	2012	反井法（中心扩孔）
中条山隧道1号竖井	9671	319	φ7.8	二合一	复合式衬砌	2012	正井法
云山隧道1号竖井	11408	220	φ8.2	二合一	复合式衬砌	2013	正井法（单行作业）
中条山隧道2号竖井	9671	396	φ6.9	二合一	复合式衬砌	2013	反井法（中心扩孔）
成武高速公路米仓山隧道	8694	174.62	φ9.6	二合一（非对称）	复合式衬砌	2014	反井法（反井钻机2m+吊罐反井正向扩大4m+中心扩孔）

续上表

隧 道 名 称	隧道长度（m）	竖井深度（m）	竖井规模（m）	布置方式	衬砌形式	修建完成时间（年）	施 工 方 法
官田隧道竖井	6151	343	φ4.4	排风	复合式衬砌	2014	反井法（中心扩孔）
佛岭隧道竖井	8805	432	φ10.5	二合一四分隔	复合式衬砌	2016	正井法（全井单行作业）
杨林隧道	9462	152.5	φ9.4	二合一	复合式衬砌	2016	正井法（全井单行作业）
藏山隧道	6440	153.8	φ10.36	二合一非对称四分隔	复合式衬砌	2017	反井法（反井钻机1 4m+吊罐反井正向扩大3m+中心扩孔）
巴陕高速公路米仓山隧道	13800	435	φ9.0	二合一	整体式衬砌	2017	正井法（短段掘砌混合作业）
金门隧道	6492	200	φ8.4	二合一	复合式衬砌	2018	反井法（中心扩孔）
天台山特长隧道排风竖井	15560	560.81	φ8.5	分离式布设	复合式衬砌	2019	正井法
天台山特长隧道送风竖井	15560	554.68	φ8.5	分离式布设	复合式衬砌	2019	正井法
宝鼎2号隧道	8775	228	φ9.6	二合一	整体式衬砌	2019	正井法（短段掘砌混合作业）
马峦山特长隧道	7900	193	φ15	二合一	复合式衬砌	2020	反井法（中心扩孔）
昌宁隧道	5400	255	φ9.2	二合一	—	2020	正井法
城开特长公路隧道送风井	11489	303.6	φ8.4	分离式布设	复合式衬砌	在建	正井法
城开特长公路隧道排风井	11489	303	φ7.0	分离式布设	复合式衬砌	在建	正井法

从表2-3中可以看出，我国公路竖井的建设主要具有以下特点。

（1）从修建完成时间来看，进入21世纪以来，我国公路竖井的建设进入了快速发展时期。特别是在2007年和2008年，随着苍岭隧道、大坪里隧道和终南山隧道等一批标志性长大隧道工程的建设，我国建设完工了多座公路通风竖井，竖井的规模和数量都有了飞速发展，其中终南山隧道2号竖井为这一时期的典型代表，该竖井至今仍为我国深度最大的竖井。在2008年之后我国公路竖井的建设保持了长期平稳发展，而2020年建成的马峦山特长隧道竖井直径达到了15m，创造了我国公路通风竖井直径的新纪录。

（2）从竖井布置方式来看，我国公路通风竖井主要采用二合一布置的方式，即左、右线送排风竖井合建的方式，只有双峰隧道等少部分竖井采用了左、右线分离布置的方案。从断面形式来看，因为圆形断面通风效率高、结构受力较好，所以大部分竖井采用圆形断面，但也有部分竖井采用椭圆形、圆端形等断面形式，如苍岭隧道、双峰隧道等。在衬砌设计方面，大部分竖井沿用隧道支护结构设计方式，采用复合式衬砌结构。在初期支护中普遍采用锚网喷的形式，在局部破碎或不稳定区域采用钢架支护，二次衬砌则采用混凝土模筑衬砌，衬砌厚度30~60cm。竖井中隔墙主要采用30~35cm厚钢筋混凝土。总体而言，我国竖井结构设计还是以工程类比和经验为主，缺乏理论依据。

（3）从竖井施工技术来看，早期公路竖井施工水平较低，机械化程度远低于同时期煤炭竖井的施工水平。在20世纪初，公路竖井建设起步阶段，竖井掘进普遍采用自制小型井架、手持式风动凿岩机、人工操纵气动抓岩机、自制吊桶等小型设备，爆破也采用瞬发电雷管、普通乳化炸药。随着竖井建设的推进，我国公路竖井施工机械化水平显著提高，爆破技术取得了明显的进步。目前公路竖井施工已广泛使用由大型凿井绞车、提升机、新Ⅳ型和新Ⅴ型大型凿井井架、伞钻、大型气动抓岩机和整体液压金属模板组成的机械化配套体系，爆破也广泛采用了水胶炸药和毫秒延期电雷管，光面爆破、大直径深孔爆破技术得到了迅速发展和应用。同时大扬程潜水泵、视频监控、信号装置、稳车集中控制装置等生产保障设备也得到了广泛的应用。

（4）从开挖方法来看，我国公路竖井施工中正井法和反井法均有采用，正井法中主要采用全断面边掘边支、一次成井的方法，工艺相对成熟。而反井法中由于目前反井钻机规模的限制，往往只用反井钻机施作溜渣井，表2-4展示了一些国内采用较多的反井钻机参数，从表中可以看出，目前反井钻机扩孔直径主要集中在1200~2000mm范围内，而我国通风竖井的直径往往大于6m，因此往往需要在反井钻机完成溜渣井施工后再由上而下进行爆破开挖。为了进一步降低溜渣井堵塞的风险，有少数竖井还采用了吊罐反井正向扩大的方法，如成武高速公路米仓山隧道竖井、藏山隧道竖井等。

反井钻机型号及相关参数　　　　　　　　表2-4

钻机型号	BMC	ZFY 1.4/300（BMC 300）	ZFY2.0/400（BMC 400）	LM 120	LM 180	LM 300
导孔直径(mm)	216	244	270	244	250	250
扩孔直径(mm)	1200	1400	2000	1400	2000	2000
钻孔深度(mm)	200	300	400	120	200	300
钻杆直径(mm)	182	203	228	176	182	200
额定推力(kN)	350	550	1650	250	350	550
额定推力(kN)	850	1250	2450	500	850	1300
功率(kW)	86	128.5	128.5	66	86	129.6
驱动方式	液控	液压	液压、电控	液压		

（5）从二次衬砌支护来看，目前国内竖井主要采用全井单行作业的方法，即在竖井开挖到井底之后，再由下向上依次施作二次衬砌。但也有个别竖井采用长段单行作业的方法，如明月山竖井从壁座开始由下向上进行二次衬砌，上面一段衬砌结束后，模板随吊盘移至下一壁座继

续施工,包家山隧道保持开挖面与衬砌作业面最大间距30~40m。从工艺来说,二次衬砌主要采用滑模工艺,目前滑模施工已经能适应各种深度的竖井,尤其对异形断面或设置有一道或多道中隔板的竖井衬砌,其优点更为突出,且容易保证衬砌混凝土的浇筑质量,施工工期也有保证。在早期受限于模板工艺水平,中隔板往往在衬砌完成支护后采用组装钢模板进行中隔板浇筑。这种方法施工组织简单,但工期周期长、成本高,并且需要搭建二次施工平台。近年来,随着施工设备工艺的不断提升,越来越多的竖井开始采用二次衬砌和中隔壁同步滑模衬砌施工的方式。

第 3 章
米仓山公路隧道通风竖井建造方案设计

随着交通和采矿行业的发展,超大直径深竖井的建设将会日益增多,虽然先进的机械设备不断地被开发出来运用于实际施工,但是作为一个复杂的系统工程,充分考虑各个工序自身的特点和相互之间的关系与衔接,才是加快施工速度和提高其经济性的主要因素。根据米仓山隧道竖井实际情况,对深大竖井设计与施工技术和目前在煤矿竖井施工常用方法的分析,同时结合米仓山竖井实际地质条件和功能需要,选取送排风竖井二合一的方式修建竖井,并且采用煤矿竖井常用施工方法及短段掘砌混合作业法进行施工,以提高竖井施工效率,降低施工成本。

3.1 建井方案研究

3.1.1 初始设计方案

根据隧道运营需要,设计送、排风风速均为 14.81m/s。竖井采用分离式布设,即送、排风竖井各一座,根据竖井与主洞的位置关系,采用送、排风竖井不等深布置,其中送风竖井深 430.89m,排风竖井深 435.76m,竖井内径均为 6.1m,净空面积均为 29.22m²。竖井断面结构如图 3-1 所示。

设计井身支护采用复合式衬砌,具体支护参数见表 3-1。

原设计方案中采用自上而下钻爆法正井法开挖,轻型机械化设备配套,井口搭设提升井架,使用罐笼垂直提升运输洞渣及其他材料,竖井井筒掘砌作业方式采用长段单行作业法,初期支护紧跟,二次衬砌从壁座开始施作。

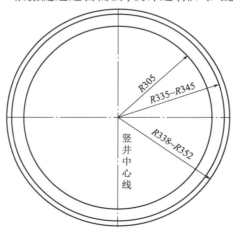

图 3-1 竖井断面结构示意图(尺寸单位:cm)

竖井衬砌支护参数　　　　　　　　　　　　　　表 3-1

衬砌类型	适用条件	喷射混凝土厚度（cm）	锚杆长度（纵×横）（cm）	钢筋网（mm）	格栅（cm）	预留变形量（cm）	二次衬砌厚度（cm）
Ⅴ加强	锁口圈	24	300(50×80)	φ6.5@150	15×15@15	10	80(C25 钢筋混凝土 φ25@200❶)
Ⅴ	Ⅴ级围岩	24	300(80×80)	φ6.5@200	15×15@15	7	40(C25 混凝土)
Ⅳ	Ⅳ级围岩	18	300(100×100)	φ6.5@250	12×15@100	5	35(C25 混凝土)
Ⅲ	Ⅲ级围岩	12	250(120×100)	φ6.5@250		3	30(C25 混凝土)
Ⅱ	Ⅲ级围岩	5					30(C25 混凝土)

3.1.2　初始设计中存在的问题

分析表明，原设计中送、排风竖井分开设置的方案存在以下问题：

（1）原设计中两竖井由于受到施工场地限制，一套设备只能先后顺序施工，进而增加了施工安全风险。

（2）复合式衬砌结合长段掘砌单行作业的传统凿井法主要适用于井筒直径小于 7m 的竖井。利用该法作业时，作业人员通常利用钻机手动钻眼，人工装渣，且井下作业人数较多；井内配置有单个双层工作吊盘、简易轻型井架和单钩提升，其中单钩提升兼顾掘、砌两大作业，提升速度慢，安全不可控。

（3）由于原设计方案的施工方法中所有作业都是平行作业，工序较多。针对小井筒而言，单位面积工序密度大，月成井不到 30m，效率较低。

（4）对环境影响大。米仓山隧道地处米仓山国家森林公园景区，施工时对周围环境的控制要求较高。如果修建两竖井，受场地限制，只能采用一套设备、一套人马分先后两次独立施工，存在两次施工安全风险，致使安全风险积累增加。同时两竖井先后施工，工期延长，对景区的环境影响增大。

（5）存在安全隐患。复合式衬砌结合长段掘砌单行作业法主要适用于井筒直径小于 7m 的竖井，其作业人员配置要求较低，井筒机械装备简单，通常人工手持钻机钻眼，人工装渣，井下作业人数较多。井内配置一个双层工作吊盘，简易轻型井架，单钩提升兼顾掘、砌两大作业，提升速度慢，存在较大安全隐患。

3.1.3　竖井方案变更

1）方案一：原工艺二合一单井方案

（1）竖井二合一内轮廓

《公路隧道设计规范 第一册 土建工程》（JTG 3370.1—2018）中对于直径不大于 7m 的竖井，有提供参考的支护参数。原设计隧道中部的送、排风竖井采用分离式布设，即送、排风竖井各一座，排风竖井深 435.76m，送风竖井深 430.89m，竖井内径均为 6.1m，净空面积均为 29.22m²，如图 3-2、图 3-3 所示。

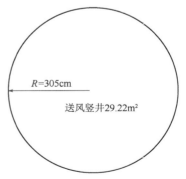

图 3-2　原设计送风竖井净空断面

---

❶ 本书中形如 φ25@200 的尺寸标注，若未说明，单位默认为 mm，余同。

在不影响竖井通风功能的情况下，送风竖井与排风竖井合并为一大井，中间设置钢筋混凝土中隔板。合并后的竖井直径为9.0m，中隔板厚度为40cm，如图3-4所示，变更前后对通风阻力的影响见表3-2，变更后通风阻力增加33.3Pa，增加的比例为0.77%，影响很小。

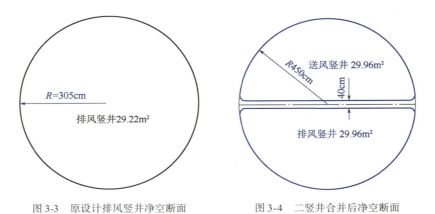

图3-3 原设计排风竖井净空断面　　　　图3-4 二竖井合并后净空断面

竖井变更前后对通风阻力的影响　　　　表3-2

项　目	原　设　计		二合一设计	
	送风竖井	排风竖井	送风竖井	排风竖井
内径(m)	6.1	6.1	9.0	
断面面积(m²)	29.22	29.22	29.96	29.96
周长(m)	19.16	19.16	22.42	22.42
当量直径(m)	6.1	6.1	5.34	5.34
中隔壁厚度(m)	—	—	0.4	
竖井长度(m)	430.89	435.76	431.39	
设计风速(m/s)	14.81	14.81	14.44	
沿程阻力损失(Pa)	720.1	532.2	1323.0	
局部阻力损失(Pa)	2102.2	945.9	3010.7	
总阻力损失(Pa)	2822.3	1478.1	4333.7(+33.3)	

注：阻力为左、右洞送排风总阻力。

（2）变更后井底联络风道的连接

竖井二合一后，井底地下风机房和通风联络道布置平面如图3-5所示。左洞送风联络道和左洞排风联络道布置在竖井底部的最底侧，右洞送风联络道和右洞排风联络道高于左洞联络风道5.0m。

（3）二合一单井复合式衬砌

竖井采用初期支护与二次衬砌组成的复合式衬砌，类比已建成的终南山隧道、陕西西凌井和秦岭Ⅲ号隧道等竖井支护参数，拟定该项目竖井支护参数见表3-3。

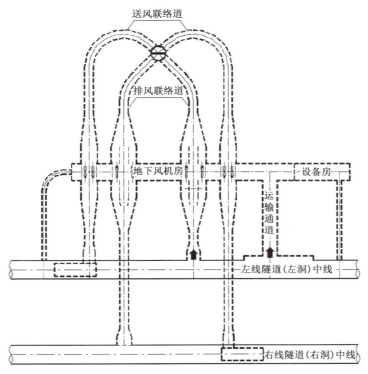

图 3-5 井底地下风机房和通风联络道布置平面示意图

竖井衬砌支护参数　　　　表 3-3

衬砌类型	适用条件	C20 喷射混凝土（cm）	药卷锚杆长度（纵×横）（cm）	钢筋网（直径@间距）(mm)	格栅（cm）	C25 混凝土二次衬砌厚度（cm）
SM	锁口圈	—	—	—	—	100（钢筋混凝土 φ25@250）
SV	Ⅴ级围岩	24	350（80×100）	φ8@200	15×15@80	50（钢筋混凝土 φ20@250）
SIV	Ⅳ级围岩	22	300（100×100）	φ8@200	12×15@100	45
SIII	Ⅲ级围岩	10	250（120×100）	φ8@200 局部	—	40
SII	Ⅱ级围岩	5	250（120×120）局部	—	—	30

（4）长段掘砌单行作业与设备配套

采用自上而下钻爆法正井开挖,重型机械化设备配套,洞口搭设提升井架,使用提升机垂直提升运输洞渣及其他材料;竖井井筒掘砌作业方式采用长段单行作业法。

中隔板待井壁施工完成后自井底往上滑模施工,中隔板与井壁采用植筋连接,同时设计与井壁配套上大下小的构造连接,确保中隔板的力及时传递到井壁,保证中隔板的安全。

（5）工期测算

施工准备 2 个月,井筒施工根据长段单行作业法月成井 27m 计算,井筒施工 16 个月,另外中隔板滑模施工 3 个月,合计工期 21 个月。

2)方案二:新工艺二合一单井方案

竖井新工艺二合一单井的内轮廓和井底与联络风道的连接详见方案一。

(1)井壁结构与厚度

原设计两竖井净直径和深度等均不变,净直径均为6.1m,井壁结构及厚度通过工程类比和《煤矿立井井筒及硐室设计规范》(GB 50384—2016)厚壁圆筒理论的拉麦公式综合确定,井壁采用C35混凝土,井颈段采用钢筋混凝土,其他井筒段采用素混凝土,厚度均为60cm。

(2)短段掘砌混合作业与设备配套

采用自上而下钻爆法正井开挖,重型机械化设备配套,洞口搭设提升井架,使用提升机垂直提升运输洞渣及其他材料;竖井井筒掘砌作业方式采用短段掘砌混合作业法。

中隔板待井壁施工完成后自井底往上滑模施工,中隔板与井壁采用植筋连接,同时设计与井壁配套上大下小的构造连接,确保中隔板的力及时传递到井壁,保证中隔板的安全。

(3)工期测算

施工准备2个月,根据调研煤炭行业立井短段掘砌混合作业施工经验,根据月成井速度71m测算,井筒施工6个月,另外中隔板滑模施工3个月,合计工期11个月。

3)方案比选及结论

竖井原设计方案与变更后各方案均采用普通凿井法自上而下钻爆法施工,其不同方面的综合比较见表3-4。分析表明,原设计送、排风两竖井二合一后,在不影响竖井通风功能的情况下,技术上是可行的。原设计两竖井受场地限制一套设备先后顺序施工,存在两次施工安全风险,致使安全风险累积增加;且需要32个月,工期较长,难以满足剩余工期的要求。

原方案与变更后方案综合比较　　　　　表3-4

	比较项目	原设计双井 ($d=6.1m$)	方案一:原工艺二合一单井($d=9.0m$)	方案二:新工艺二合一单井($d=9.0m$)
1	执行主要行业规范	公路行业	公路行业	煤矿行业
2	井筒掘砌方式	长段单行作业,成井速度慢	长段单行作业,成井速度慢	短段掘砌混合作业,成井速度快
3	支护结构	复合式衬砌:初期锚喷支护+C25(钢筋)混凝土二次衬砌	复合式衬砌:初期锚喷支护+C25(钢筋)混凝土二次衬砌	单层60cm厚模筑C35(钢筋)混凝土,只需局部临时喷锚
4	施工设备配套	轻型机械化设备配套	重型机械化设备配套,环形轨道式HH抓岩机2台	重型机械化设备配套,环形轨道式HH抓岩机2台
5	单井月成井(m)	31	27	71
6	工期(月)	32[=2×(2+14)]	21[=1×(2+16+3)]	11[=1×(2+6+3)]
7	井筒建安费(万元)	1027	1260(=1027+233)	1094(=1027+67)
8	施工难度与风险	施工难度较小,但长段掘砌单行施工风险较短段掘砌混合施工风险大	长段掘砌单行施工风险较短段掘砌混合施工风险大,中隔板施工难度大;有临时锚喷支护,支护工序多,施工效率较低	支护紧跟,施工安全性高,无初期锚喷支护,工序较少,工序转换时间短,成井速度快,而且一次成井,施工安全累积风险较小,但中隔板施工难度大

注:d表示竖井直径。

在方案一中采用复合式衬砌配合长段单行作业，临时锚喷支护段较大，较短段掘砌混合作业风险大，且中隔板施工难度大，支护工序多，施工效率较低，虽然可节约一个井的施工时间，但总体工期仍较长，加上景区杜鹃花节和红叶节不能施工的影响，合同剩余22个月的工期仍然较紧。

在方案二中借鉴煤炭行业立井设计与施工经验，井筒采用模筑单层（钢筋）混凝土井壁配合短段掘砌混合作业，支护紧跟，施工安全性高，无初期锚喷支护，工序较少，工序转换时间短，成井速度快，而且一次成井，施工安全累积风险较小；施工工期大幅度缩短至11个月。但不足的是竖井中隔板的施工难度较大。

综上所述，方案二不仅增大了井筒平面作业面积，有利于机械化设备配置，一次成井，施工安全累积风险较小，而且借鉴煤矿部门成熟的建井技术，采用单层模筑（钢筋）混凝土衬砌配合短段混合作业方式，安全性高，成井速度快，施工工期大幅度缩短至11个月。另外，增加投资有限，因此推荐方案二。

经综合比较后，米仓山隧道竖井采用单井筒设计并采用短段掘砌混合作业法进行竖井施工，配以完整的机械配套，大大提高了竖井的施工速度，缩短了施工周期，大幅度节约了经济成本和时间成本。

3.2 施工方案研究

3.2.1 公路隧道竖井常用施工方法

本节通过调研国内部分公路竖井，来介绍常用的公路竖井施工方法。

1) 秦岭终南山隧道竖井施工

（1）工程概况

竖井井位所处地区均属湿润寒冷山地气候，雨量充沛。地下水均为基岩裂隙水，节理裂隙贫水段，地下水类型：HCO_3-Ca型水，无侵蚀性，竖井地质总断面如图3-6所示。

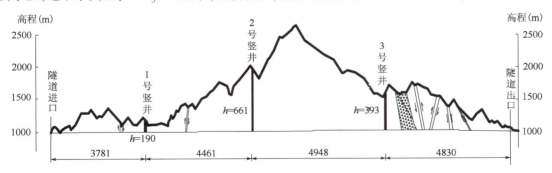

图3-6 竖井地质纵断面图（尺寸单位：m）

1号竖井位于秦岭北坡石砭峪沟中游，竖井地面高程1126m。出露的地层为：上部31m第四系全新统崩积块石土，块石岩性为混合片麻岩，Ⅴ级围岩；下部为混合片麻岩，夹少量片麻岩残留体,岩体受构造影响较重,岩体较破碎,以块状镶嵌结构为,Ⅲ级围岩。1号竖井:内径为10.8m,最大开挖外径为12.92m,井深为190m。

2号竖井位于秦岭北坡水洞子沟中上游,竖井地面高程1703m。出露地层上部30m为第四系全新统崩积块石土,块石岩性为混合片麻岩,Ⅴ级围岩;下部为混合片麻岩,部分地段夹黑云母斜长角闪片岩残留体,岩体受构造影响轻微,岩体完整,以大块状砌体结构为主,Ⅰ级围岩。2号竖井:内径为11.2m,最大开挖外径为13.32m,井深为661m,属于较深的竖井,在交通领域(公路、铁路)是最深的竖井。

3号竖井位于秦岭南坡大东沟中游,竖井地面高程1430m。出露地层上部30m为第四系全新统崩积块石土,块石岩性为混合片麻岩,Ⅴ级围岩;下部为混合片麻岩,灰白色,岩体受构造影响轻微,岩体完整,以大块状砌体结构为主,Ⅱ级围岩。3号竖井:内径为11.5m,最大开挖外径为13.62m,井深为393m。

(2)秦岭终南山公路隧道竖井施工方案

结合秦岭终南山公路隧道工程实际情况,通过比选确定通风竖井整体施工方案。全断面法虽然技术成熟,工程实例也多,但结合该项目实际情况,除1号竖井井位距便道很近外,2号、3号竖井均没有便道可利用,由于秦岭山区沟谷深切、山高坡陡,修建施工便道非常困难,且2号竖井井位处于国家一级自然保护区内。反井法有着全断面法不可取代的优越性,在施工质量、速度、安全方面具有明显的优势,特别是占地少,环保效益非常显著,出渣在隧道内不破坏植被也不影响环境,而且底部隧道已开挖完成,有出渣的便利通道,因此3个竖井施工中均采用了反井法。1号竖井井深只有190m。施工中采用了反井法中的钻机反井正向扩大法,在地面上先用反井钻机沿竖井设计轴线自上而下钻一直径为25cm的导孔,然后在隧洞内安装大钻头,自下而上开凿直径为125cm的导洞,再用传统的钻爆法自上而下扩挖成井。2号竖井井深661m,施工采用了反井法中的吊罐反井正向扩大法,沿竖井轴线用钻爆法自上而下开挖直径较小的导洞;此种方法出渣效率高,占用井上绿地较少。3号竖井也采用了反井法中的钻机反井正向扩大法,与1号竖井所不同的是开挖完导孔后,在井下水平巷道内安装大钻头,自下而上开凿导洞,然后用传统钻爆法自上而下扩挖成井。

2)龙潭隧道竖井施工

(1)工程概况

龙潭隧道位于沪蓉国道主干线湖北宜昌—恩施公路。按山岭重丘区高速公路标准设计,上下行为分离的双洞四车道隧道,设计行车速度为80km/h;右洞起讫桩号为YK65+515～YK74+135,全长8620m,行车方向纵坡为-1.5%;左洞起讫桩号为ZK65+515～ZK74+209,全长8694m,行车方向纵坡为-1.5%;隧道最大埋深为500m。

龙潭隧道属构造侵蚀溶蚀中低山沟谷地貌类型,位于扬子淮地台上扬子台坪内的五级构造单元—长阳背斜的北翼。长阳背斜属秦昆构造体系,主体构造线走向近东西,与路线基本平行展布。地层产状比较稳定,总体显示为向北倾斜的单斜构造,倾角50°左右,无区域性断裂构造。局部存在两条规模不大的断层,断层F_1走向北西,倾向北东,在距出口端3209m附近通过;断层F_2走向北西,倾向东,在距出口端3209m附近通过。两条断层尤其是F_2可能会造成深部灰岩地层岩溶发育,尤其是南津关组厚层质纯的灰岩。

隧道左右洞均采用纵向分段送排式通风,根据隧道需风量、紧急救援及地形地质等因素综合分析,左右线均分 3 段。再结合隧道施工组织,最终确定采压 2 斜井＋2 竖井方案,在斜井、竖井井口设置 4 处地面风机房,如图 3-7 所示。

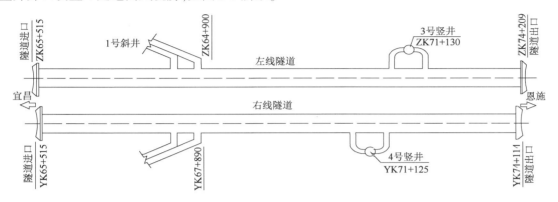

图 3-7 龙潭隧道斜井、竖井布置示意

两个竖井设计参数分别为 3 号竖井深度 332m,设计直径为 7.0m;4 号竖井深度 355m,设计直径为 5.3m。为增加井身混凝土的摩擦力,每隔 20m 设一壁座,共设 30 个壁座。井身由 30cm 厚钢筋混凝土中隔板隔开送风道与排风道,如图 3-8 所示。

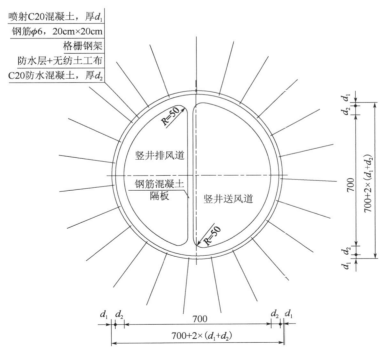

图 3-8 3 号竖井净空及衬砌结构(尺寸单位:cm)

(2)龙潭隧道竖井施工方法

竖井施工方法现阶段主要有两种:一是从井口开始全断面开挖,采用罐笼提升运输洞渣及材料。此种方法国内采用最多,但效率相对较低,也存在一些安全隐患;二是中心扩孔法,当主洞开挖至竖井处时,继续施工联络风道,同时采用中心扩孔技术进行竖井施工,即先在地表用地质钻机在竖井中心钻取直达底部的直径为25cm的孔洞,然后采用竖井专用机械从底部开始向上,将孔洞扩大到150cm,再从地表进行竖井开挖,弃渣则从150cm的孔洞排出,最后从底部开始向上施工防水层与二次衬砌。这种方法的优点是施工费用低,山上施工场地以及施工设备相对较少,不需要在山上弃渣,有利于环保;缺点是扩孔设备需要进口,只有主洞施工到竖井处,才能开始竖井施工。

竖井施工建议采用在井口开始全断面开挖,采用罐笼提升运输洞渣及其材料,有以下优点:

①在隧道主洞施工到竖井处,可以利用竖井缩短施工期间通风距离,提高通风效率;
②在工期紧张的时候,可利用竖井辅助正洞施工;
③竖井井口紧靠318国道,交通便利,机械设备容易进场。

龙潭隧道3号、4号竖井,自2005年设备进场,平整场地、安装设备,7月正式进行井身段开挖;2006年12月25日井身段开挖完毕;2007年9月29日井身混凝土完成,有效地改善了隧道内的通风条件。

3)雪峰山隧道竖井施工

(1)工程概况

雪峰山隧道为邵怀高速公路上最大的控制工程,位于邵阳、怀化两市交界处,穿过雪峰山主脉。隧道穿过的山体为单脊山峰,其中间最高,两端逐渐变低,隧道最大埋深约850m。雪峰山隧道为上下行分离的双洞隧道,其中左线隧道长6946m,右线隧道长6956m。左右线隧道进出口段均位于不设超高的平曲线上,左右线隧道纵坡均为人字坡:进口段为+1.14%的上坡,长约400m,其余地段为-0.95%的下坡。

(2)雪峰山隧道公路隧道竖井施工方法

根据隧道需风量、紧急救援及地形地质条件等因素,综合分析确定采用分段式纵向通风方案。其中3号竖井为垂直竖井,竖井深360m,衬砌后竖井净径为6.5m,采用中心扩孔法施工。具体施工方法是:先将竖井天井钻机安装在井位上端,用牙轮钻头向下钻直径250mm导向孔,与下部的通风隧道沟通后,在隧道中拆除牙轮钻头,换上扩孔刀头,再由下至上,扩成1.5m的天井,该天井称作竖井工程的先导井,用途是作为爆破扩孔井筒时的爆破自由面和通风、溜渣通道。然后,在先导井周围钻一组平行炮孔,通过爆破法形成大竖井,再通过衬砌,达到最终设计竖井。竖井断面直径为6.5m,中间设置15cm厚的钢筋混凝土横隔板,将送排风流隔离,如图3-9所示。送风道面积为22.04m²,排风道面积为10.13m²。

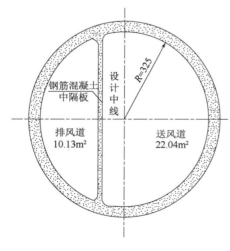

图3-9 竖井断面(尺寸单位:cm)

3.2.2 煤炭行业井筒快速施工技术

煤炭行业立井井筒掘砌作业方式见表3-5。

煤炭行业立井井筒掘砌主要作业方式　　　　　　　表3-5

类别		图　示	施 工 特 点	优 缺 点	适 用 条 件
掘砌单行作业	长段掘砌单行作业		掘、砌两大作业在同一井段按时间的顺序进行。即先自上而下掘凿井筒,达到设计规定段高度时,便由下而上完成永久井壁的砌筑或喷射混凝土。当该井壁筑成后,再转向下一井段施工,先掘进后砌壁。如此反复,逐段进行,直至掘砌完全部井筒。为减少掘砌倒替时间,该作业法段高较长,一般为30~60m,个别达100m,月成井一般为25~40m	优点: (1)掘砌工序单一,施工组织简单; (2)凿井设备少,易布置,一个双层吊盘可兼顾掘砌作业。 缺点: (1)多一套临时支护的工序,如采用井圈背板,施工费用较高; (2)掘砌工序倒替清底排水,乔安管路耗时较长,成井速度慢	井筒基岩深度<400m,净直径<5.5m,技术和管理水平一般,器材供应不足,中等及不稳定岩层条件下,应首选短段掘砌作业或本作业法
	短段掘砌单行作业		掘与砌作业在空间和时间上的安排与长段单行法相同,但掘砌段高大为缩短,并取消了壁座和临时支护。按支护方式的不同,分为短掘短砌法和短掘短喷法。前者利用悬吊式金属整体活动模板,自上而下下放模板至井座底矸面上,每1.5~2m掘砌一段;后者则按此段高用喷射混凝土支护紧跟掘进面,并不留座底矸	优点: (1)取消了临时支护,节省了架设和拆除临时支护的时间和材料; (2)围岩暴露时间短,掘进二作业较安全。 缺点: 掘砌工序交替频繁,短段掘砌井壁接茬较多	井筒围岩基本稳定,涌水较少,不受井深和井径大小的限制
掘砌平行作业			利用井筒深度大、断面大的空间,在井筒相邻的两口井段的不同深度处,可平行完成掘、砌两大作业,砌壁作业不再单独占用凿井工时,可有效地加快井筒的成井速度。 按掘砌交替段的长短,分为长段掘砌平行法和短段掘砌平行法,长段掘砌平行段高30~40m,掘、砌各设保护盘和工作盘;短段掘砌平行段高15~20m,掘砌临时支护可用喷射混凝土或掩护筒	优点: 充分利用深井的深度空间,成井速度较单行作业快。 缺点: 施工组织复杂,井内吊挂设备多,一次性投入大,施工安全管理难度较大。 按现有技术,短段掘砌平行法较稳妥	当井筒基岩深度>400m,净直径>5.5m,凿井设备充足,施工技术和管理水平较高,围岩稳定或中等稳定,井筒涌水量<40m³/h,宜采用短段平行作业;若岩层的稳定程变略次,可考虑喷号混凝土临时支护的长段掘砌

续上表

类别	图示	施工特点	优缺点	适用条件
掘砌混合作业		运用 3m 以上大段高整体悬吊金属筑壁模板,在一个掘进工序尚未完成的虚矸上,下放模板开始筑壁工序;当筑壁约 1m 高达到混凝土初凝后,又开始平行出矸,即砌壁工序包含在掘进工序中、砌壁时又有一部分与掘进平行。此种作业是掘砌工序的混合,单行与平行的交叉,当前国内模板受煤矿安全规程的限制,比国外低,近年已推广 4m,最高达 5m,随模板升高,必须配用伞钻深孔光爆和大抓斗排矸等成套机械化作业线	优点: (1)综合经济效益较平行作业和单行作业都要好; (2)永久井壁紧跟掘进面,确保工作面安全; (3)成井速度快,月成井一般 65~85m。 缺点: 井壁接茬较多	适用不同深度和断面大小的井筒,也适应地质稳定程度不够好的情况,但要求对井筒涌水进行预先处理

1)各种掘砌作业方式的发展情况

(1)掘砌单行作业

掘砌单行作业是最早广泛使用的施工方式。20 世纪 50—60 年代,以短段单行作业为主,掘砌段高一般 30m 左右,用挂圈背板作临时支护,料石砌壁,为了减轻笨重的体力劳动和提高砌壁质量,60 年代后期井壁结构改为混凝土,用分节小模板支模。进入 70 年代后,由于锚喷技术的发展,临时支护改为锚喷,永久支护改为整体滑动模板及现浇混凝土,作业方式由短段单行作业发展成长段单行作业,段高一般为 30~100m。这种作业方式之所以最先、最广泛地被施工单位所采用,主要在于井筒内凿井装备简单,井内只需配置一个双层工作吊盘,便可兼顾掘进、砌壁两大作业,但存在着工序转换时间长、安全性较差和质量较差等问题,目前该作业方式在煤炭部门很少采用。

(2)掘砌平行作业

20 世纪 60—80 年代曾在我国竖井施工中采用,掘进和砌壁在两个相邻井段内反向进行,须为掘进和砌壁分别设置作业盘和独立的悬吊系统,不但增加了施工设备,施工管理也更加复杂。随着砌壁设备和工艺的改进,砌壁占用掘砌循环工时由 35%~40% 降低到 15%~20%,月成井速度比其他作业方式增加有限。但由于施工组织工作和安全作业复杂,80 年代中期以后就很少采用了。

(3)掘砌混合作业

其特点是不需临时支护,掘砌可以适当地平行作业,使掘砌工序在同一循环内完成,工序转换时间少,施工速度快,而且安全。20 世纪 70 年代,立井短段掘砌混合作业法及其配套施工设备的研究为国家"六五"重点攻关项目,形成了以伞钻、大斗容抓岩机和 MJY 型整体金属模板为主体的立井施工机械化作业线,使短段掘砌混合作业法成为一种工艺简单、施工安全、成井速度快、成本较低的施工作业方式,很快被推广使用。进入 90 年代,国内使用短段掘砌混合作业法施工的立井比例不断提高,目前已达到 80% 以上,成为我国立井井筒施工的主要作业方式,平均月成井 60m 以上,施工中取得了较好的经济效益和社会效益。

2) 国家标准相关规定

(1)《煤矿立井井筒及硐室设计规范》(GB 50384—2016)。普通法凿井的井筒宜采用整体灌注混凝土、钢筋混凝土井壁支护,混凝土强度不得低于 C25 和 C30。井壁厚度通过工程类比和厚壁圆筒理论的拉麦公式综合确定,井筒直径 7~8m 时,厚度为 45~50cm。

(2)《煤矿井巷工程施工规范》(GB 50511—2010)。井筒施工应优先采用短段掘砌混合作业方式。井壁局部采用锚喷支护作为临时支护,井壁永久支护采用整体活动钢模板现浇混凝土。

总之,井筒掘砌方式与支护类型相互联系,相互影响,应相互匹配。

3.2.3 公路隧道竖井与煤矿竖井施工方法比较

《公路隧道设计规范 第二册 交通工程与附属设施》(JTG D70/2—2014)规定,竖井衬砌主要采用复合式衬砌,适用于直径≤7m 的竖井,复合式支护参数对应围岩级别Ⅴ~Ⅱ级由强变弱,而实际划分围岩时往往井口至井底围岩越来越好,对应支护参数越来越弱,与竖井的受力方式不相适应。

根据《公路隧道设计手册》,井筒掘砌作业方式分为单行作业和平行作业,如图 3-10 所示。

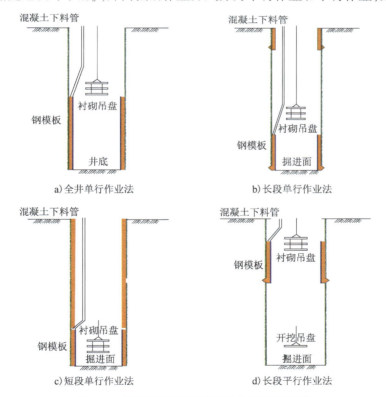

图 3-10 公路竖井井筒普通钻爆法凿井施工示意图

通过对煤炭行业井筒掘砌作业方式的调研,公路竖井井管的掘砌方式是煤炭行业立井较早的掘砌方式,该方式存在如下的局限性。

（1）全井单行作业：全井锚喷初期支护后，再自下而上滑模施作二次衬砌，成井速度慢，由于受到锚喷支护段高的影响，通常适用于竖井深度不宜超过100m的竖井。

（2）长段单行作业：公路竖井通常采用的方式，衬砌段高30～60m，需设置较多壁座，成井速度慢，月成井一般25～40m。

（3）短段单行作业：对于公路复合式衬砌竖井，设置初期支护没有意义，一般不采用。

（4）长段平行作业：施工组织复杂，井内吊挂设备多，一次性投入大，施工安全管理难度较大，几乎不采用。

借鉴煤炭行业立井施工经验，井筒采用单层整体活动钢模板灌注（钢筋）混凝土永久支护结构配合短段掘砌混合作业方式（即同一掘进和支护循环内，短段掘进和模筑混凝土支护两大工序交替进行施工），月成井一般65～85m，而公路竖井复合式衬砌配合长段单行作业方式月成井一般25～40m，模筑混凝土井壁永久井壁紧跟掘进面，施工安全，综合经济效益较平行作业和单行作业都要好。因此，这种单层整体模筑（钢筋）混凝土支护配合短段掘砌混合作业方式对于公路竖井为一种新工艺建井方式。

3.3 竖井实际建造方案

3.3.1 井筒方案

采用竖井二合一单井筒设计方案，竖井直径9.0m，建井完成后采用中隔板对竖井进行分割，分别作为送风通道和排风通道，净空面积皆为29.96m^2，参见3.1节中的图3-4。

具体设计参数见表3-6。

竖井变更前后对通风阻力的影响　　　　　　　　表3-6

项　目	二合一设计	
	送风竖井	排风竖井
内径(m)	9.0	
断面面积(m^2)	29.96	29.96
周长(m)	22.42	22.42
当量直径(m)	5.34	5.34
中隔壁厚度(m)	0.4	
竖井长度(m)	431.39	
设计风速(m/s)	14.44	
沿程阻力损失(Pa)	1323.0	
局部阻力损失(Pa)	3010.7	
总阻力损失(Pa)	4333.7(+33.3)	

3.3.2 井底联络道连接方式

地下风机房与联络风道施工过程中，交叉口是开挖支护的薄弱环节，施工需要特别注意，交叉口施工断面如图3-11所示。

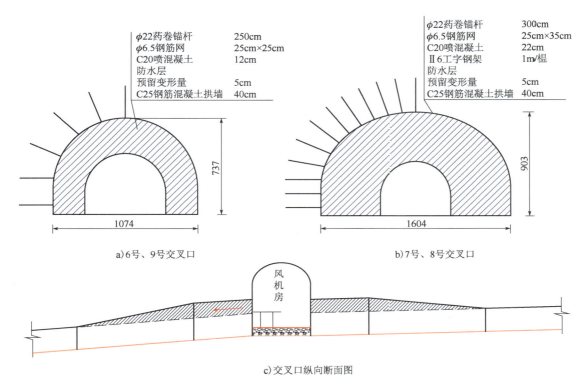

图 3-11 交叉口施工断面示意图(尺寸单位：cm)

交叉口区域围岩松动问题较为突出，同时由于交叉口有频繁施工扰动，结构及围岩的强度会一定程度降低。施工过程中需要对交叉段围岩进行预加固处理，以确保结构安全和围岩稳定。实际施工中，要严格控制开挖引起的围岩应力重分布及位移，具体措施有加强超前支护，如采用超前管棚，锚杆和注浆加固等；改变开挖方式，如采用跳槽开挖，预留核心土；改变分部尺寸及步序，如采用中隔墙法(CD)、交叉中隔墙法(CRD)、双侧壁导坑或更多的分部开挖方法；改变衬砌、支护的结构，如增加锚杆长度和密度，加密拱架和加大截面高度，加厚衬砌，提高混凝土强度等级等。施工程序及注意事项如下：

(1) 先开挖隧道加强段支护结构施作。加强段的范围根据围岩条件和隧道断面尺寸决定，支护数量要不小于主隧道开挖所施作的支撑系统。

(2) 交叉隧道洞门放样。

(3) 洞门开挖线周边补强岩柱。

(4) 洞门开挖线内原支撑拆除。原开挖支撑若为喷射喷凝土和钢拱架支撑，破除混凝土，将钢拱架切除并视需要加设钢横撑，将开挖线周边的钢拱架焊为一体以加强连锁功效。

(5) 在横通道进洞前施作超前支护，以确保主隧道结构安全和施工安全。

(6) 隧道断面开挖方法根据横通道断面形式选择，开挖方法有全断面法、台阶法、台阶分部法、上导坑法、CRD 法、单侧壁导坑法等常见方法。

(7) 制订出适宜的施工循环进度，开挖后及时进行相应的初期支护。

(8) 交叉段防水膜铺设，在防水膜铺设前应使初期支护表面平滑度达到规范要求，交叉段防水膜铺设的固定应较一般地段更为加强,尤其是拱附近更须注意,以防混凝土浇灌过程中将其下扯,导致防水膜与支撑面脱离,影响二次衬砌的厚度。

(9)二次衬砌的浇筑。在施作交叉部位二次衬砌时,一定要注意拱顶混凝土的密实程度,不能有空洞。

3.3.3 竖井施工方案及管理

1)竖井施工方案

米仓山竖井施工最终采用井筒采用模筑单层(钢筋)混凝土井壁配合短段掘砌混合作业(SMD法),井壁采用C35混凝土,井颈段采用钢筋混凝土,其他井筒段采用素混凝土,厚度均为60cm。采用自上而下钻爆法正井开挖,重型机械化设备配套,洞口搭设提升井架,使用提升机垂直提升运输洞渣及其他材料。

2)竖井施工管理

竖井信号采用传统与现代技术结合的原则进行布置。首先,在井下布置音频、视频双功能电子监视器,连接到井口信号员处和值班房,设专职人员全天不间断地通过监视器对井下情况进行监视,并由井口信号员指挥升降机的操作。传统的信号设施主要是电铃和色灯。凡罐笼或吊桶的提升、下降、慢行、上人、运输材料、运输炸药以及井筒的闭塞和开通,用明确的音响和色灯信号显示,并加设专用电话。电铃可以随时使用来警示吊桶的上下。此外敲击吊桶也是一种常用的信号方式,敲击吊桶用于离工作面较近,且噪声较小时,主要是在电铃和电话失效的情况下临时使用,在施钻过程中,必须由专职信号工在井内负责指挥吊桶的升降,如图3-12所示。

a)   b)

图3-12 竖井视频监控系统及通信系统

通过设计、施工、管理各方面的优化,竖井建设效率大大提高,仅用6个月就顺利完成了掘进,较传统工法缩短工期一年,正常掘进段平均月进尺接近100m,如2017年3月施工107.3m,4月施工106.6m,且在竖井施工过程中没有出现伤亡事故。

第 4 章
米仓山公路隧道通风竖井施工及机械化配套

在现有众多竖井施工方法中,各施工方法各有优劣。针对米仓山竖井的实际情况,选择采用 SMD 法对米仓山竖井进行爆破施工。通过采用此法进行施工,大大缩短了米仓山竖井的施工工期,大幅节省了施工成本,并且米仓山竖井的施工经验可为其他隧道竖井的修建提供借鉴。

根据现有资料调研发现,米仓山隧道竖井的施工方法在国内是首次在公路领域采用,并形成了成套的 SMD 法施工配合利用单层衬砌作为永久支护的施工技术。

竖井施工过程可以分为两部分,如图 4-1 所示。

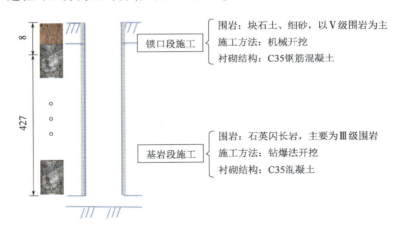

图 4-1 米仓山竖井施工示意图(尺寸单位 m)

4.1 SMD 施工技术场地布设

根据现场地形地貌及煤矿《建井工程手册》,米仓山竖井施工技术场地布设主要包括两部分,其一是竖井整体施工场地的布置,包括变电所、洗浴室、综合办公楼、沉淀池、库房、空压机房等一系列相关的场地布置位置及布置形式,如图 4-2 所示;其二便是竖井广场的布置,主要包括井架、提升机房、稳车群、压风机房、变电所等场地的布置,如图 4-3 所示。

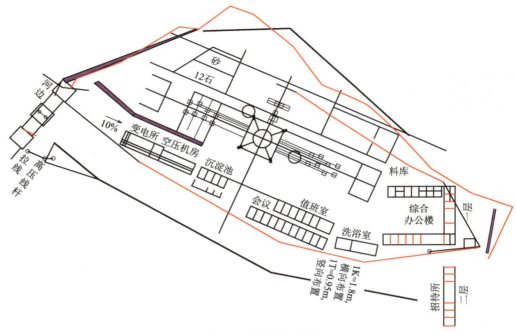

图 4-2 现场总体布置图

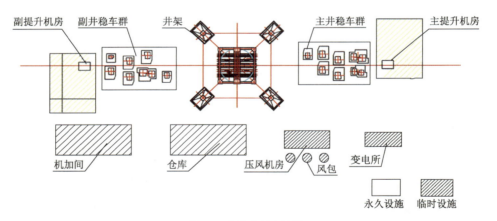

图 4-3 竖井广场布置图

注：除绞车房和稳车群位置不变外，其他临时建筑（仓库中、机加间、压风机房、变电所、值班室、料场、水泥库、搅拌站）可根据现场情况自行调整。

4.2 主要设备配置

米仓山竖井为大直径公路通风竖井，具有工期紧、任务重、施工工艺复杂等特点，因而对施工设备的配置要进行综合评估和论证，保证设备配置的合理性，使之能满足施工需要。根据其施工特点，可以将施工过程分为锁口段施工和井身施工两个阶段，故施工设备配置应根据两阶段来配置。

4.2.1 锁口段施工配置

井口表土段及井架基础施工采用 KOBELCO-260 挖机配合自卸汽车进行开挖出渣,支护采用组合模板衬砌。

4.2.2 井身施工配置

经过广泛调研学习煤炭行业施工经验,米仓山竖井施工选用凿井亭式井架,主、副绞车提升,采用风动伞形钻机打眼,中心回转抓岩机出渣,吊桶提升,短臂小回转半径挖掘机清底。风水电等管线采用凿井绞车悬挂方式吊挂,并随着施工进度向下延伸。井下的安全工作平台为上下两层的吊盘。

既有施工经验表明:竖井凿井期间伞形钻机钻眼爆破、中心回转抓岩机出渣及滑动模板衬砌是竖井施工的三个主要工序;伞形钻机、中心回转式抓岩机及滑模是竖井快速施工的三大件;井架承担着人、机、材和渣石的运输任务,是整个工程的重中之重。

4.2.3 井架选择

1) 凿井井架的规格

目前竖井工程中普遍采用凿井亭式钢管井架。根据井架高度、天轮平台尺寸及其适用的井筒直径、井筒深度等条件,凿井亭式钢管井架共有6个规格,其编号为Ⅰ、Ⅱ、Ⅲ、Ⅳ、新Ⅳ及Ⅴ型,分别适用于200m、400m、600m、800m及1100m井深。

新Ⅳ型与Ⅳ型井架相比,主要是增大了天轮平台面积,提高了井架全高及基础顶面至第一层平台的高度,便于在卸矸台下安设矸石仓及用汽车运输矸石,也便于伞形钻架等大型设备进出井筒,同时也增大了井架的承载能力。而Ⅴ型井架则是专为使用千米竖井而设计的,它具有较大的天轮平台,满足多种凿井设备的吊挂,具有较大的工作荷重和断绳荷重。各型号井架的技术规格见表4-1。

亭式钢凿井井架　　　　　表 4-1

井架型号	井筒深度(m)	井筒直径(m)	主体架角柱跨距(m)	天轮平台(m)	由基础顶面至第一层平台高度(m)	井架总质量(t)	悬吊总荷重(kN) 工作	悬吊总荷重(kN) 断绳
Ⅰ	200	4.6~6.0	10×10	5.5×5.5	5.0	25.649	666.4	901.6
Ⅱ	400	4.6~6.0	12×12	6.0×6.0	5.8	30.584	1127.0	1470.0
Ⅲ	600	4.6~6.0	12×12	6.5×6.5	5.9	32.284	1577.8	1960.0
Ⅳ	800	4.6~6.0	14×14	7.0×7.0	6.6	48.215	2793.0	3469.2
新Ⅳ	800	4.6~6.0	14×14	7.25×7.25	10.4	83.020	3243.8	3978.8
Ⅴ	1100	4.6~6.0	16×16	7.5×7.5	10.3	98.000	4184.6	10456.6

随着我国井筒深度的加大及凿井机械化程度的提高,Ⅳ型以下的凿井井架已很少应用。

2) 选择凿井井架的基本原则

(1) 能够安全地承担施工荷载。

(2) 保证足够的过卷高度。

(3)角柱跨距和天轮平台尺寸应满足井口施工材料、设备运输及天轮布置的需要。

一般情况下,可参照表4-1规格选用井架。当施工工艺及设备与井架技术规格有较大差异,如总荷载虽相近但布置不平衡时,必须对井架的天轮平台、主体架及基础等主要构件的强度、稳定性及刚度进行验算。

从表4-1可以看出,目前井架基本上都是适用于直径6.0m以下的竖井,而米仓山竖井开挖直径达到了10.2m,因而应具有较大的安全富裕度,且考虑到后续更深竖井的施工,因而竖井井架选用V型井架。为满足伞钻悬吊高度,井架基础加高1.5m,天轮平台布置在井架的+27.964m平台,在+11.600m翻渣平台上布置两个渣石溜槽,配备座钩式自动翻矸装置,渣石落地后铲车装运配合翻渣汽车排渣。

4.2.4 稳车选择

竖井施工过程,需要布置多台稳车来提升施工设备。根据工程特点,米仓山竖井施工过程中采用14台缠绕式凿井稳车并分南北布置,组成南北两个稳车群,如图4-4所示。其中1号、2号与3号、4号吊盘稳车(JZ-16/1000)南北对称布置,1号、2号与3号、4号模板稳车(JZ-16/1000)南北对称布置,1号、2号抓岩机稳车(JZ-10/1000)南北对称布置,压风管稳车(2JZ-10/1000)、排水管稳车(2JZ-16/1000)布置南侧,安全梯稳车(JZA-5/1000)、溜灰管稳车(2JZ-16/1000)布置于北侧。

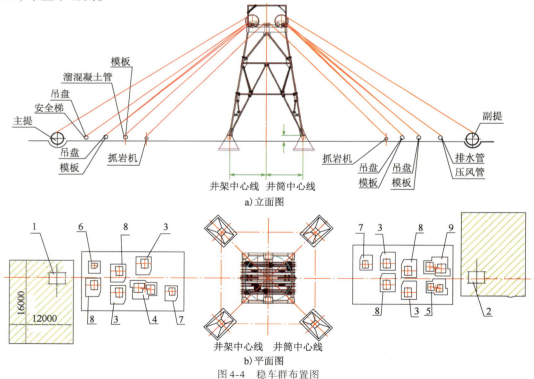

图4-4 稳车群布置图

1-JK-3.0×2.2/15.5 主提升机;2-JK-3.0×2.2/15.5 副提升机;3-JZ-16/1000 模板用稳车;4-2JZ-16/1000 溜灰管用稳车;5-2JZ-10/1000 压风用稳车;6-JZA-5/1000 安全梯用稳车;7-JZ-10/1000 抓岩机用稳车;8-JZ-16/1000 吊盘用稳车;9-2JZ-16/1000 排水管用稳车

稳车型号:稳车型号 JZ-X/Y,其中 X×10 为钢丝绳最大静张力(kN),Y 为稳车功率(kW)。

主副提绞车分别安装在南北绞车房内,主要负责井下施工物资设备、渣石及人的提升工作,整套系统控制室设置在绞车房内由专人负责。

4.2.5 凿岩设备选择

钻爆是竖井快速掘进的前提,要达到理想的效果,首先要选好凿岩设备的型号,一般根据井架底层或二层的高度确定钻机的高度,根据井筒的直径确定钻机的最大炮眼圈径。米仓山竖井工程采用国产 SJZ-6.10 新型伞钻,伞钻适用井筒净直径为 8.0~10.0m,伞钻如图 4-5 所示。

图 4-5 伞钻

4.2.6 出渣设备

出渣设备采用两台 HZ-6A 型中心回转式抓岩机,压缩空气工作压力为 0.5~0.7MPa,配备 0.6m³ 抓斗,抓岩能力可达到 50~60m³/h,如图 4-6 所示。

a)抓斗

b)抓岩机

图 4-6 抓斗和抓岩机

井下采用双大吊桶出渣,吊桶根据出渣的需要和井筒尺寸进行订制,米仓山竖井采用容积 3m³ 的钢制吊桶。

4.2.7 液压模板

竖井井壁施工常用的模板有木模板和金属模板,而金属模板有装配式模板、液压滑开式模板和整体下移式模板。目前竖井施工中普遍采用整体下移式模板。米仓山竖井施工过程中也采用整体下移式模板,模板由 4 台地面稳车悬吊,动力由液压缸提供,模板高 3.8m。

4.3 锁口段施工

4.3.1 施工准备

首先根据设计提供的井筒十字桩,标定井中心位置,根据中心位置确定荒径位置;然后将十字基桩基点作为水准基点,用以控制井口高程。掘进采用挖掘机直接挖掘装罐为主,人工风镐、铁锹台阶式挖掘装罐为辅。掘进时根据实际情况采取临时支护,必要时采用井圈背板支护,以保证施工安全。挖掘时安设排水泵,及时将工作面的水排出。

井筒锁口设计净径为 9000mm,一次施工深度 8m,支护厚度 500mm,混凝土强度等级为 C40。井口设计高程为 +1452.500mm(高出地坪 1500mm),表土段施工前准备好临时井圈、背板和临时支护材料,以备应急时使用。

4.3.2 掘进施工

掘进采取台阶式环挖,掘进过程中根据实际情况采取必要的临时支护,采用锚喷网或井圈背板等形式,如有少量渗水则在渗流处铺设挡水布、安设导水管等设施将水引出。井筒工作面超前小井始终经周边超前1m左右,并安设排水泵,及时将水排出。

4.3.3 钢筋加工

锁口掘够深度后,停止掘进,工作面绑扎钢筋。根据图纸核对锁口圈梁所采用的钢筋种类、型号、规格制订材料计划,进料验收合格后,下发钢筋加工和绑扎技术交底,进行钢筋加工和绑扎作业,验收合格后进行混凝土浇筑。在钢筋施工过程中严格按规范规定进行加工、绑扎,确保各类钢筋搭接的质量,钢筋弯钩采用标准弯钩。

4.3.4 组装模板

组装整体模板要满足以下要求:
(1)轴线位置偏差不应大于5mm。
(2)井口净空尺寸偏差应控制在 +4mm、-5mm 以内。
(3)垂直度不应大于6mm。
(4)相邻两块模板表面高低差不应大于2mm。
(5)表面平整度不得大于5mm。

模板接缝不应漏浆,模板与混凝土接触面应清理干净并涂刷脱模剂,但不得采用废机油等影响混凝土外观及性能的脱模剂。

4.3.5 浇筑混凝土作业

浇筑混凝土前,先清除杂物,检查净空尺寸是否满足交底要求,对模板上的杂物和钢筋上的油污等应清理干净,模板的缝隙和孔洞应堵严。模板应浇水湿润,但不得有积水;为防止混凝土离析,混凝土自高处倾落的自由高度不应超过2m;混凝土浇筑应连续进行,当必须间歇时,其间歇时间宜缩短,并应在前层混凝土凝结之前,将次层混凝土浇筑完毕。在混凝土浇筑过程中,应经常观察模板及其支架、钢筋、埋设件和预留孔洞的情况,当发现有位移或脱模时,应立即停止浇筑,并应在已浇筑的混凝土初凝前修整完毕。混凝土浇筑采用螺旋上升分层浇筑的方法浇筑,最终搭设工作台进行上部断面的浇筑混凝土施工,直到井口高程,到井口位置时按设计要求预留出封口盘梁窝位置。结构如图4-7所示,施工过程如图4-8所示。

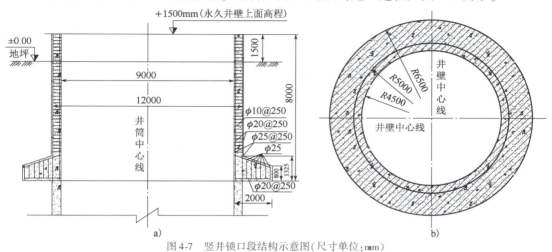

图 4-7　竖井锁口段结构示意图(尺寸单位:mm)

图　4-8

e)   f)

图 4-8　竖井锁口段施工过程

4.4　井身段施工

20世纪50年代中期,国外已出现竖井混合作业施工法,到60—70年代,竖井混合作业施工法及凿井机械化配套技术得到快速发展,显出其优越性及潜力。据统计,苏联、波兰等国混合作业法施工比例已达90%,德国为100%,捷克、日本和加拿大等国也已大量采用混合作业法施工。20世纪60年代短段掘砌作业方式在我国开始应用,到80年代已达施工井筒的1/3左右;进入90年代,国内使用短段掘砌混合作业法施工的竖井比例不断提高,目前已达到80%左右。该方法具有成井速度快、安全可靠、节省材料等优势,在施工中取得了较好的经济效益和社会效益。

采用短段掘砌混合作业方法,每循环具体施工步骤可分为钻孔、爆破、出渣、安装衬砌,具体如图4-9所示。

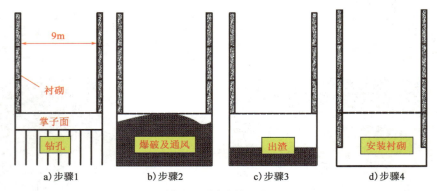

a) 步骤1　　　b) 步骤2　　　c) 步骤3　　　d) 步骤4

图 4-9　基岩段施工过程

4.4.1　竖井钻爆

竖井开挖过程与隧道开挖过程类似,均采用钻爆法施工。

在施工过程中首先需要将伞钻下放到井底,同时需要人工接好高压风管、水管,操作竖向支撑臂手柄将伞钻竖向固定,操作3个横向支撑臂手柄将伞钻水平固定,同时由工人沿开挖轮廓线画圆周一圈,标出周边炮眼位置。在做好准备工作后,由工人操作6台凿岩机进行竖向钻孔作业。开挖过程中抽水工将水抽进副提吊桶内,通过副提升至二层翻渣台,卸至翻渣道,经排水沟排入三级沉淀池内。钻孔完成后用高压风将炮眼内残渣吹净,钻孔作业完成。

爆破采用光面爆破,选用水胶炸药,药卷规格为 $\phi 45 \times 500$,周边眼选用 $\phi 35 \times 500$,6m长脚线多段毫秒延期电磁雷管,380V电源井上起爆。

雷管选用6m长脚线毫秒延期电雷管,段号为1、3、4、5、7号,放炮基线用14号铁线,放炮母线选用 $MY3 \times 16 + 1 \times 10$ 电缆,吊盘以下至工作面选用2根 $4mm^2$ 单股铜芯电缆做母线,380V电源井上起爆。

爆破参数和预期爆破效果见表4-2和表4-3,炮孔布置如图4-10所示。

爆破参数　　　　表4-2

序号	眼别	眼数(个)	眼深(m)	角度(°)	装药量(卷/眼)	装药量(kg/眼)	起爆顺序
1	掏槽眼	6	3.0	90	5	4.0	Ⅰ
2	掏槽眼	9	4.4	90	6	4.8	Ⅱ
3	辅助眼	16	4.2	90	5	4.0	Ⅲ
4	辅助眼	23	4.2	90	5	4.0	Ⅲ
5	辅助眼	30	4.2	90	5	4.0	Ⅳ
6	周边眼	51	4.2	91	4	2.4	Ⅴ
合计	—	135	561.6	—		465.6	—

预期爆破效果　　　　表4-3

序号	名称	单位	数量	序号	名称	单位	数量
1	炮眼利用率	%	90	6	每m³原岩耗药量	kg/m³	1.06
2	循环进尺	m	3.8	7	每m井筒耗药量	kg/m	122.52
3	循环爆破岩石	m³	438.5	8	每m³原岩雷管用量	个/m³	0.31
4	循环用炸药	kg	465.6	9	每m井筒雷管用量	个/m	35.53
5	循环炮眼个数	个	135	10	每m³原岩炮眼长度	m/m³	1.28

4.4.2 装岩与出渣

岩石量及装岩能力:按照预想爆破效果,每炮爆破后井筒松散矸石量约为 $484.6m^3$,每台中心回转装岩机装岩能力为 $50 \sim 60 m^3/h$,可满足快速施工要求。

抓岩机抓岩的顺序为:抓出水窝→抓出罐窝→抓取边缘矸石→抓井筒中间岩石。

抓岩机抓取岩石可分为两个阶段,首先充分发挥抓岩机抓岩能力和提升能力,尽快把堆积在井底的大量爆落矸石装运到地面,接着采用小型挖机配合人工进行清底作业,如图4-11所示。

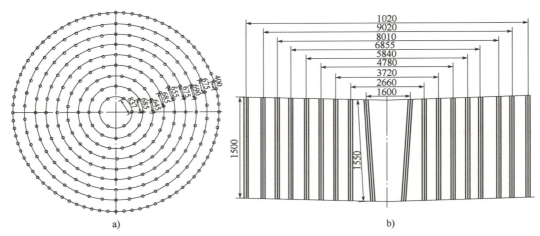

图 4-10 炮孔布置图(尺寸单位:mm)

a)抓斗抓岩

b)小型挖机配合人工清底

图 4-11 抓岩机抓岩

4.4.3 井筒支护

1)支护形式

井筒其余部分为素混凝土,井壁支护厚度600mm,混凝土强度等级均为C35。

2)支护方式

一掘一砌,整体移动式液压伸缩金属模板砌壁。

3)模板的拆卸与组立

液压伸缩整体下移式金属模板仅有一条伸缩缝,脱模是通过安装在伸缩缝两侧的4个液压缸同时向内收缩,带动模板进行收模工作,从而实现脱模的。脱模下移到预定位置时,靠液压缸同时外伸,使模板撑大至设计尺寸,操平找正并固定牢固后,便可进行浇筑混凝土作业。为了确保井壁接茬质量,模板下部设计45°斜面刃脚,模板上部设浇筑口。

(1) 拆模：从井上将风动液压泵站下到井底，接通风带，并给液压缸接通上高压油管，接头要绝对干净，开动风动液压站，启开高压阀门，使液压缸工作带动活塞内收，使模板脱开井壁。

(2) 组立：模板拆下后，由信号工与井上稳车房联系，下放模板到预定位置开始组立；将高压阀门打开到减压位置，使模板恢复到设计尺寸；将模板找正稳固牢靠；没有落到矸石上的刃脚，用矸石填实，并撒上一层砂以防跑浆；打开模板上的脚手架杆，将脚手架杆支好，模板组立完成。组立完成的模板如图 4-12 所示。

图 4-12　组立完成的模板

4.5　地下风机房施工

4.5.1　技术难题

米仓山公路隧道的地下风机房及联络道布置中存在如下难题：

(1) 联络道坡度较大。右洞送风联络道在跨越左洞拱顶时的坡度分别为 25.31%、17.79%，右洞排风联络道在跨越左洞拱顶时的坡度分别为 29.95%、15.44%。

(2) 交叉口众多。整个地下联络道包括一座地下风机房，一座设备房，4 条风道，1 条运输通道，2 条人行通道，硐室纵横交错，交叉口 11 个。

(3) 近接施工问题。送排风道上跨左洞洞顶时最小间距仅 5m，若施工处置不当，极易造成主洞衬砌结构开裂破损。

(4) 开挖断面大。地下风机房开挖宽度 11.60m，开挖高度 14.05m，由于断面过大，导致施工支护都面临很大难度。

(5) 地质条件复杂。地下风机房围岩以石英闪长岩为主，岩性坚硬，地应力高，岩体完整，具有岩爆风险。

4.5.2　典型实例

1) 排风机房施工

由于布置风机的需要，一般地下风机房的开挖跨度和高度都较大，施工难度大。目前地下风机房的开挖主要采用多台阶法开挖或导洞开挖方法。如汾阳至邢台高速宝塔山特长隧道斜

井地下风机房采用多台阶法施工,其地下风机房最大开挖宽度为19.92m,最大开挖高度为17.174m。开挖施工工序如下:

(1)排风道开挖掘进第1台阶,开挖方向与水平夹角120°,台阶高4~5m。

(2)开挖第2台阶,台阶高4m,平台长2m,宽4~5m,开挖方向与水平夹角120°。

(3)开挖第3台阶,台阶高3~4m,平台长2m,比前一平台左右各加宽1m,开挖方向与水平夹角120°。

(4)开挖到风机房顶,平台长2m,与前一平台同宽。

(5)排风口开挖掘进第1台阶,开挖方向与水平夹角135°,台阶高4~5m。

(6)开挖第2台阶,台阶高4m,平台长2m,宽4~5m,开挖方向与水平夹角120°。

(7)开挖第3台阶,台阶高3~4m,平台长2m,比前一平台左右各加宽1m,开挖方向与水平夹角120°。

(8)开挖到风机房顶,与另一端贯通,扩挖拱顶部。

(9)扩挖第3台阶。

(10)扩挖第2台阶;扩挖第2台阶;。

(11)扩挖第一台阶。

(12)施工底部;施工二次衬砌。

图4-13为排风机房施工断面示意图。

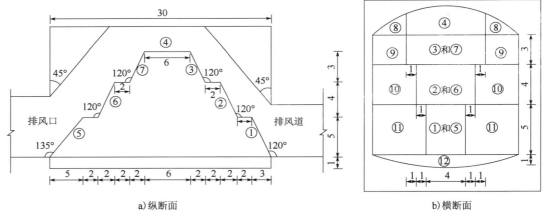

a)纵断面 b)横断面

图4-13 排风机房施工断面(尺寸单位:m)

①~⑫-施工顺序编号

2)送风机房施工

送风机房的施工开挖工序为:

(1)送风口开挖掘进第1台阶,开挖方向与水平夹角为135°,台阶高为4~5m。

(2)开挖第2台阶,台阶高4m,平台长2m,宽4~5m,开挖方向与水平夹角120°。

(3)开挖第3台阶,台阶高3~4m,平台长2m,比前一平台左右各加宽1m,开挖方向与水平夹角120°。

(4)开挖到风机房顶,挖到另一端。

(5)开挖第3平台中部。

(6) 开挖第 3 平台左侧。
(7) 开挖第 3 台阶右侧。
(8) 开挖第 2 平台中部。
(9) 开挖第 2 平台左侧。
(10) 开挖第 2 台阶右侧。
(11) 开挖第 1 平台中部。
(12) 开挖第 1 平台左侧。
(13) 开挖第 1 台阶右侧。
(14) 施工底部。
(15) 施工二次衬砌。

图 4-14 为送风机房施工断面示意图。

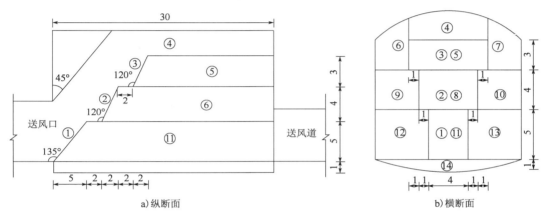

a) 纵断面　　　　　　b) 横断面

图 4-14　送风机房施工断面(尺寸单位:m)
①～⑭-施工顺序编号

3) 导洞施工

部分地下风机房采用导洞开挖方式,在施工过程中先采用导洞贯通,然后分层扩挖,如大相岭泥巴山特长隧道就采用这种方法开挖。泥巴山隧道风机房长 104.72m,开挖断面 11.6m (宽)×14.05m(高),断面形式为直墙+拱部拱形形式。风机房施工顺序如图 4-15 所示。图中①为 17% 坡度的导洞施工,②为风机房中台阶施工,③为风机房上挑段施工,④为风机房下台阶施工。

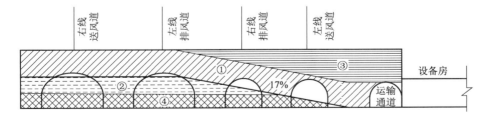

图 4-15　风机房施工顺序示意图
①～④-施工顺序编号

其中导坑采用17%的坡度施工至风机房顶部。导坑的临时支护（长度45m）参数：φ42 超前小导管支护（环向40cm，纵向1m），I18 工字钢（间距1m），φ22 锚杆支护，φ6.5 钢筋网（间距 20cm×20cm），C20 喷射混凝土（厚度20cm）。开挖采用人工风钻钻孔，非电毫秒雷管松动爆破，施工时短进尺、弱爆破，以减少对围岩的扰动，通过加强支护手段，确保安全与质量。风机房施工工序③时需要进行挑顶扩挖施工，施工前在导洞内堆4～5m 高的洞渣作为挑顶施工平台，然后在平台上摆放开挖支护台架进行钻爆作业及支护作业。地下风机房布置如图4-16 所示。

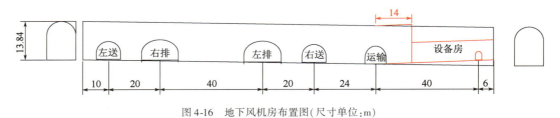

图4-16 地下风机房布置图（尺寸单位：m）

4.5.3 米仓山地下风机房施工

米仓山地下风机房在施工之前已采用竖井辅助主洞施工，因而左洞排风洞已施工完成，综合考虑施工难度及施工进度，决定在施工过程中先通过左洞排风洞向风机房两侧开挖导洞，然后再进行分层开挖。具体施工顺序如下：

(1)通过左洞排风洞向左右两侧开挖导洞，为了充分利用既有设备，节约施工成本，导洞开挖断面与通风联络道断面一致，如图4-17a)所示。

(2)扩挖设备房。在设备房开挖时由于受运输道开挖台车进出限制，底板由运输道开挖至人洞，长14m，拱顶挑高2.1m，如图4-17b)所示。

(3)开挖设备房底板。在上两个阶段采用联络道低台车，不能满足后续扩挖需要，因而在本阶段将设备房底板原设计的上坡改为下坡，与风机房底板纵坡保持一致，并加高台车，如图4-17c)所示。

(4)进行风机房下层扩挖。采用加高后的台车从设备房向左进行扩挖，扩挖拱顶高8.4m，如图4-17d)所示。

(5)在风机房下层扩挖完成后，留部分渣作为开挖平台，由运输通道位置起坡，其中坡长63m，坡度为10%，扩挖至拱顶，然后水平向左侧扩挖至设计位置，如图4-17e)所示。

(6)在上步开挖完成后，由左端底板起坡起坡10%，长46m，将该部分回填渣出完，便于湿喷机、罐车、渣车、挖机从左端人洞进出，如图4-17f)所示。

(7)开挖台车在运输道交叉口调向，并由风机房左端向右端一次性将风机房扩挖完成，如图4-17g)所示。

(8)将虚渣运输至隧道外，至此地下风机房扩挖完成，如图4-17h)所示。

施工时采用人工风钻钻孔，非电毫秒雷管松动爆破，施工时短进尺、弱爆破，以减少对围岩的扰动，通过加强支护手段，确保安全与质量。在分部施工的同时完成各部的钢筋网、锚杆及喷射混凝土的施工。在3台阶施工完成后进行钢拱架安装。施工设备配置见表4-4。

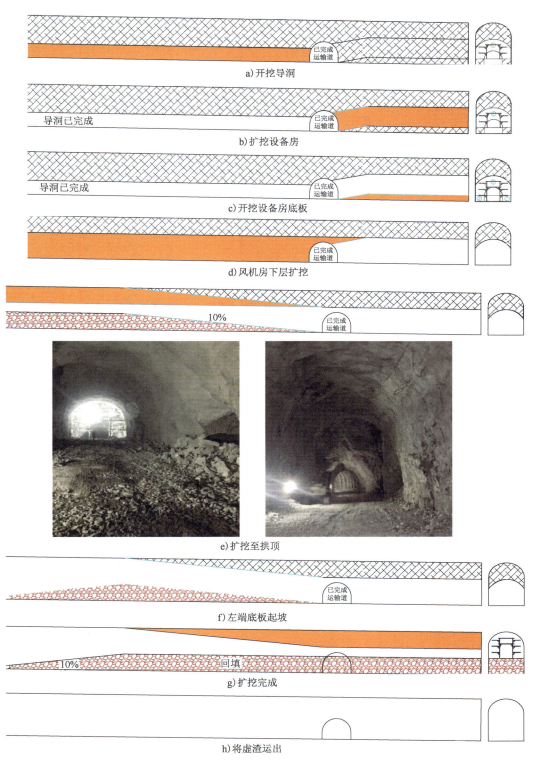

图 4-17 米仓山地下风机房施工顺序图

地下风机房施工设备配置　　　　　表 4-4

序号	机 械 名 称	数　　量	单　　位
1	STB-80 扒渣机	1	台
2	UQ-5 地下自卸车	4	辆
3	ZL-926 装载机	1	台
4	凯斯小挖机	1	台
5	50 装载机	1	台
6	20T 自卸车	4	辆
7	神钢 200（挖掘机）	1	台

第5章
竖井围岩稳定性及井筒受荷特性研究

修建公路隧道竖井,必然要进行岩土体开挖。开挖将使井筒周围岩土体失去原有的平衡状态,使其在有限范围内产生应力重分布,这种新出现的不平衡应力没有超过围岩的承载能力,围岩就会自行平衡;否则,将引起岩土体产生变形、位移甚至破坏[14]。为了合理地进行岩土工程及地下工程设计和施工,必须准确地了解岩土体力学特性以及其由于自重、外部荷载或边界条件的变化而引起的岩土体应力、变形及破坏的发展规律,进而对岩土体的稳定性作出正确的评价。由于岩体赋存环境的变异性,不能期望得到岩体力学参数的精确值,只能通过室内试验或通过对岩体宏观特性的统计分析来预测或估算岩土体强度和变形的范围。室内试验一般是通过单轴或三轴压缩试验获得岩石(块)的力学特性,进而估算岩土体的力学特性[15]。在掌握岩土体力学特性的基础上,对竖井的开挖稳定性及衬砌结构受力特性进行深入分析,确保现有米仓山竖井衬砌结构在施工及运营期间的安全性。

5.1 竖井岩石力学特性测试

自然界中的岩石分为沉积岩、变质岩和岩浆岩。其中,岩浆岩是高温岩浆冲破地壳深部的岩层而形成的,在深埋地下工程中,脆硬性岩浆岩的破坏通常伴随着一些工程现象:片帮、岩爆、V型破坏等,而脆性岩石的破坏的实质是内部裂纹在荷载的作用下萌生、扩展和相互连接的结果[16]。因此,研究微观破裂与宏观强度之间的关系是岩石力学的基础性工作。本节在常规单轴、三轴研究试验的基础上,借助声发射研究试验,对米仓山竖井石英闪长岩的宏观和微观力学特征、破坏形态及岩石破坏过程进行研究。

5.1.1 试件准备及试验过程

进行试件制备时,为保证岩石试件的完整性,首先对直径150mm的钻孔岩芯及原始尺寸大于400mm×400mm×400mm的岩块进行初次打磨;其次,按照室内试验的要求进行试件的精细化加工打磨。最终加工好的圆柱试件直径50mm,高度100mm,误差±0.5mm,端面平行度±0.02mm,如图5-1所示。共制作试件13件,为方便后续的测试及数据处理,对所有试件进行了编号,制作好的部分试件及相应编号如图 5-2 所示。

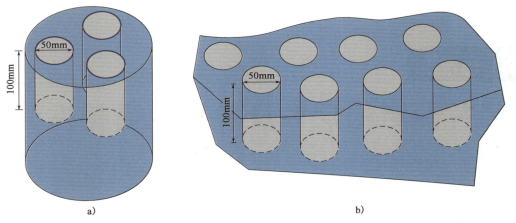

图 5-1 试件制作示意图

图 5-2 石英闪长岩岩石试件

如图 5-3 所示,试验设备采用 MTS 815 型岩石三轴电液伺服刚性试验机,配套数据采集系统为 Flextest 60 Digital Controller,以及围压加压系统为 286.20 Confining Pressure Intensifier。在试验过程中,采用两个声发射探头对岩石的声发射信号进行监测。试验整体系统、MTS 加载室、试件及引伸计如图 5-4 所示。

试验分为单轴试验和三轴试验,围压分别为 0MPa、2MPa、4MPa、6MPa、8MPa、10MPa、12MPa、14MPa、15MPa、16MPa、20MPa、25MPa、30MPa,每个围压进行 1 次试验。试件基础数据见表 5-1。该次围压施加采用油压加压系统,试验加载步骤如下:

(1)试验开始阶段采用控制荷载速率方式来施加围压和轴压,施加速率为 6MPa/min,同时开始采集试样各个方向的应力应变数据;当围压达到预设值时,使围压在整个时间加载过程中保持不变。

(2)以 60kN/min 的控制荷载速率方式继续施加轴压;当试件进入非稳定破坏阶段时,加载方式由轴压控制改变为环向应变速率控制,应变速率从 0.02mm/min 向 0.05mm/min 过渡,直至试件完全破坏。

(3)卸除轴向压力和油压,提起轴向加压系统,取出破坏试件。

a) 试验机MTS 815　　　　b) 数据采集系统Flextest 60　　　　c) 加压系统286.20

图 5-3　三轴试验三大系统

a) 整体系统　　　　　　　　　　　　　　　b) 引伸计

图 5-4　岩石试验整体系统及引伸计图

试件基础数据　　　　　　　　　　　　　　　表 5-1

编号	直径(mm)	高度(mm)	围压(MPa)	试 件 描 述
1	49.55	100.37	0	试件完整,无初始裂隙
2	49.41	99.64	2	试件高度存在偏差,无初始裂隙
3	49.51	99.77	4	试件直径存在偏差,无初始裂隙
4	49.47	99.52	6	试件直径存在偏差,无初始裂隙
5	49.54	99.79	8	试件完整,无初始裂隙

续上表

编号	直径(mm)	高度(mm)	围压(MPa)	试件描述
6	49.54	100.42	10	试件完整,无初始裂隙
7	50.12	100.22	12	试件完整,无初始裂隙
8	49.87	100.29	14	试件完整,无初始裂隙
9	49.78	99.65	15	试件完整,无初始裂隙,边角小缺口
10	49.43	100.47	16	试件直径存在偏差,无初始裂隙
11	49.44	100.51	20	试件高度存在偏差,无初始裂隙
12	49.66	100.23	25	试件完整,无初始裂隙
13	50.21	100.45	30	试件完整,无初始裂隙

5.1.2 试验结果及分析

国内外有关脆性岩石试验研究表明:岩石的破坏过程分为5个阶段[17]:裂纹闭合阶段Ⅰ、弹性阶段Ⅱ、裂纹稳定扩展阶段Ⅲ、裂纹非稳定扩展阶段Ⅳ、破坏及残余阶段Ⅴ。每个阶段对应的强度特征值分别为压密应力 σ_{cc}、起裂应力 σ_{ci}、损伤应力 σ_{cd}、峰值应力 σ_c 和残余应力 σ_r,单位均为 MPa。

1)宏观力学特性

(1)应力—应变曲线

在相同试验条件下,对试件进行单轴、三轴试验,获得 ε_1-σ_1、ε_1-ε_v 和 ε_1-K 曲线。其中,ε_1 为轴向应变,σ_1 为轴向应力,ε_v 为体积应变,K 为轴向应变刚度,它是 ε_1-σ_1 曲线中某一点的斜率。绘制 ε_1-K 曲线的主要目的为更加明确地定位岩石压缩过程的线弹性阶段。式(5-1)为轴向应变刚度求取公式。

$$K = \frac{\Delta\sigma}{\Delta\varepsilon} \tag{5-1}$$

式中:K——轴向应变刚度(GPa);

σ——轴向应力(MPa);

ε——轴向应变。

按照理论计算,岩石轴向压缩时的线弹性阶段对应轴向应变刚度曲线为水平直线段,但在实际试验过程中,每个岩石试件都存在自身的内部裂隙、缺陷,轴向应变刚度曲线也是呈上下波动。因此,选取轴向应变刚度上下均匀段波动对应的应力阶段,作为线弹性阶段,该阶段起始应力为压密应力 σ_{cc},终止应力为起裂应力 σ_{ci}。

室内试验中部分岩石试件的 ε_1-σ_1、ε_1-ε_v 和 ε_1-K 曲线及试件破坏形式如图 5-5、图 5-6 所示。

由图 5-5 和图 5-6 可以看出,随着围压的增加,石英闪长岩试件的强度均增加,峰值强度对应的轴向应变也基本呈增加趋势,峰后段曲线也有变缓的趋势,但峰后段仍存在应力急速下降的现象(如围压为25MPa时),说明试件基本上仍是脆性破坏。试验中随着施加围压增加,试件会由脆性破坏向延性破坏转变,表现为以劈裂张拉裂隙为主转换为剪切裂纹的大量发育,并且从裂纹不稳定发展阶段到峰后阶段,应力—应变曲线应当较为平缓,因为在试件峰后阶段仍然存在裂纹的发育。该次试验虽然破坏形式由张拉劈裂破坏过渡到剪切破坏,但结构面脆性破坏依旧明显,说明试验围压未达到使石英闪长岩从脆性破坏到延性破坏转换所需的能量。

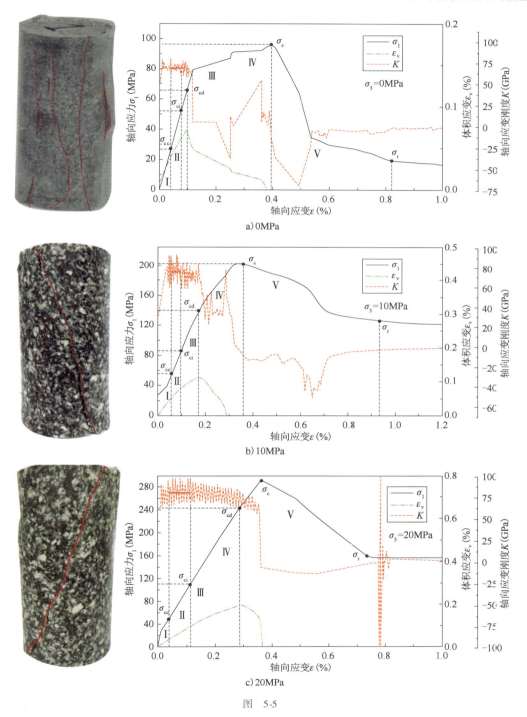

图 5-5

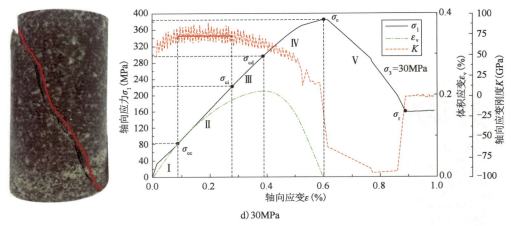

图 5-5　各试件应力应变曲线及破坏形式

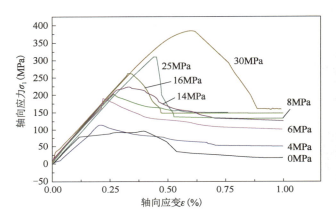

图 5-6　不同围压下的轴向应力—应变曲线

压密阶段Ⅰ，随着围压的增加，轴向应变经历了(0,0.04%)→(0,0.07%)→(0,0.09%)的阶段，轴向应变增加说明使岩石内部微裂纹闭合需要更大的外力作用，围压能使岩石前期强度 σ_{cc} 增加。

线弹性阶段Ⅱ，试件所经历的轴向应变在(0.04%,0.13%)范围内，虽然不同试件不同围压经历的应变范围不同，但除个别试件外，试件起裂强度 σ_{ci} 所对应的轴向应变均能稳定在(0.11%,0.13%)之间，说明围压对于试件的线弹性阶段的轴向应变发展影响较小，因此可以借助 ε_1-σ_1 曲线的轴向应变大致确定试件的起裂强度 σ_{ci}。

裂纹稳定增长阶段Ⅲ，试件轴向应变经历了(0.11%,0.14%)→(0.12%,0.28%)→(0.28%,0.39%)的阶段，轴向应变变化值经历 0.03%→0.06%→0.1% 发展阶段，说明随着围压的增加，裂纹稳定增长的阶段更长，裂纹发展更加均匀，在形成贯通裂缝之前，会有多条裂隙连接、贯通。

裂纹非稳定增长阶段Ⅳ，随着围压增加，试件的峰值强度增加，相应的轴向应变也增大。但在围压增加的过程中，大致可以将试件分为脆性、弱脆性两类。在围压小于 8MPa 时，试件迅速从损伤强度 σ_{cd} 增加到峰值强度 σ_c，应变增加量在 0.03%~0.07% 之间；在围压大于

8MPa 时，试件迅速从损伤强度 σ_{cd} 增加到峰值强度 σ_c 的轴向应变增加值逐渐变大，应变增加量在 0.11%～0.21% 之间。

残余阶段 V，随着围压的增加，残余强度 σ_r 增加，但残余强度 σ_r 对应的轴向应变大致在 (0.62%，0.87%) 范围内，说明在 30MPa 以内的围压下试件峰后阶段仍然是以宏观裂缝形成、脆性破坏为主，而非以裂纹继续发育为特征的延性破坏。但石英闪长岩在围压 30MPa 以内时，残余强度 σ_r 可根据轴向应变来确定。

由各个试件应变 ε_v 曲线可以看出，随着围压的增加，ε_v 曲线最大值呈增大趋势，ε_v 曲线重新归零时的轴向应变也逐渐增大。说明在试件被压缩的过程中，不论单轴还是三轴状态，试件总是先被压缩再膨胀。ε_v 曲线最大值对应损伤强度 σ_{cd}，在将到达峰值强度 σ_c 时，ε_v 曲线重新归零；在试件达到峰值强度 σ_c 之后，ε_v 变为负值，扩容明显，很快宏观裂缝形成，岩石破坏，应力达到残余强度 σ_r 不变，但 ε_v 仍继续增大，表现为膨胀。

(2) 破坏形态分析

由前述分析可知随着围压的增加，试件破坏形式逐渐由劈裂破坏转变为剪切破坏。为进一步明确石英闪长岩在不同围情况下的破坏机理，现对试件在不同围压下的破坏图（图 5-7）进行分析总结。

在低围压（0～2MPa）下，试件顶面出现未贯通裂隙或局部贯通裂隙，侧面为与轴向压力平行的纵向裂隙，裂隙发育较多，局部出现小块扩容脱落现象，但试件未能破坏形成两块。

在中围压（10MPa）下，试件顶面出现贯通裂隙，侧面同时出现纵向裂隙和斜向裂隙，局部形成三角脱落块体。试件在宏观裂隙形成后，脱落为独立的两块，脱落块的体积小，破坏面有明显擦痕，说明破坏前试件内部力主要为摩擦力。

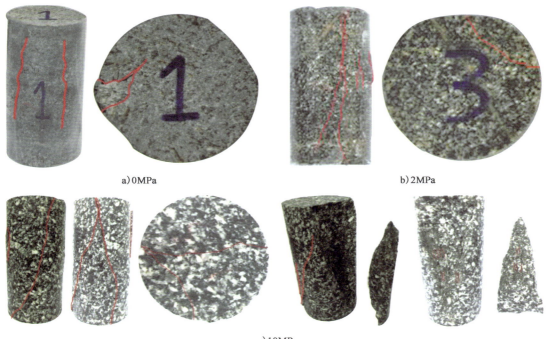

a) 0MPa　　　　b) 2MPa

c) 10MPa

图 5-7

d) 20MPa

e) 30MPa

图 5-7 不同围压下试件破坏图

在高围压(20～30MPa)下,试件顶面出现贯通裂隙,且向中部集中,侧面为多条贯通的斜向裂缝,造成试件的宏观破坏,破坏面均有明显的擦痕。试件破坏后脱落为体积相当的两块,明显为斜向剪切造成的破坏。

可以将试件破坏情况总结如下:

①当围压在0～2MPa时,试件以平行于轴向的裂隙为主,裂隙发育较多但未形成宏观裂缝,表现为试件周边劈裂扩容并脱落,进而发生破坏,属于张拉劈裂破坏。

②当围压在10MPa左右时,试件同时有纵向劈裂裂纹和贯通的斜向裂缝,但裂缝较细,此时属于张拉劈裂破坏及剪切破坏共同作用,破坏面见明显的剪切擦痕,判断破坏是以剪切破坏为主导。

③当围压在20～30MPa时,试件几乎不发育纵向裂纹,而是多条贯穿的剪切裂隙,属于剪切破坏。

试件破坏形式简化图及破坏机理分类见表5-2。

试件破坏形式及破坏机理　　　　　　　　　表5-2

围　　压	岩石破坏形式	破　坏　机　理
低围压(0～4MPa)		未贯穿的张拉劈裂破坏,破坏由基质体控制

续上表

围　压	岩石破坏形式	破坏机理
中围压(6~12MPa)		张拉劈裂破坏和贯穿的剪切破坏，剪切破坏为主导，破坏由基质体控制
高围压(14~30MPa)		贯穿的剪切破坏，破坏由基质体控制

（3）岩石力学参数

相比于声发射法和裂应变法，ε_1-K 曲线能够最大限度地克服主观判定及泊松比 ν 变化造成的误差，对于确定岩石的压密应力 σ_{cc}、起裂应力 σ_{ci} 更加客观。岩石在受压过程中裂纹压密的线弹性阶段，ε_1-σ_1 曲线为斜直线，则 ε_1-K 曲线在对应阶段为水平直线，而水平线段的起始点和结束点就是 σ_{cc} 和 σ_{ci}。

岩石的损伤应力 σ_{cd}、峰值应力 σ_c 和残余应力 σ_r 的确定方法为：ε_1-ε_v 曲线最大值对应 ε_1-σ_1 曲线的应力值即为 σ_{cd}，峰值应力 σ_c 为 ε_1-σ_1 曲线最大应力值，残余应力 σ_r 为 ε_1-σ_1 峰后曲线维持为水平阶段时对应的应力值。

该次试验所有试件岩石力学参数见表5-3。弹性模量即轴向应变刚度均匀变化时对应的值，泊松比即线弹性阶段径向应变与轴向应变比值的绝对值。

岩石物理力学参数统计　　　　　　表5-3

编号	σ_3（MPa）	弹性模量 E（GPa）	σ_{cc}（MPa）	σ_{ci}（MPa）	σ_{cd}（MPa）	σ_c（MPa）	σ_r（MPa）
1	0	68.25	28.65	52.84	65.01	96.35	20.22
2	2	62.45	31.22	59.65	68.59	110.2	52.89
3	4	62.33	33.22	62.5	70.6	113.26	52.36
4	6	79.53	44.89	92.44	152.65	190.41	108.35
5	8	80.02	60.32	115.68	155.32	202.35	135.22
6	10	76.58	55.02	92.99	140.09	204.55	128.85
7	12	67.82	62.31	109.52	142.55	208.22	89.67
8	14	80.22	74.88	118.25	186.63	222.6	120.96

续上表

编号	σ_3 (MPa)	弹性模量 E (GPa)	σ_{cc} (MPa)	σ_{ci} (MPa)	σ_{cd} (MPa)	σ_c (MPa)	σ_r (MPa)
9	15	75.0	58.23	139.01	201.47	241.07	156.63
10	16	82.3	57.51	98.94	129.54	263.16	148.45
11	20	81.32	50.53	109.37	244.94	291.63	156.36
12	25	80.1	53.82	120.13	240.23	310.43	152.63
13	30	74.9	85.26	223.79	296.82	384.47	160.15

由表 5-3 可知,随着围压的增大,石英闪长岩的弹性模量 E 和各特征强度值均呈现增加的趋势。在 ε_1-σ_1 曲线中,可以明显读取峰值强度 σ_c 和残余强度 σ_r 的值,但压密应力 σ_{cc}、起裂应力 σ_{ci} 和损伤应力 σ_{cd} 的值却需要借助应变刚度曲线、体应变曲线、裂隙体积应变法等方法确定,较为复杂。为简化石英闪长岩 σ_{cc}、σ_{ci} 和 σ_{cd} 确定方式,并深入探讨不同围压下 σ_{cc}、σ_{ci} 和 σ_{cd} 的变化规律,现借助 0~30MPa 试验数据对石英闪长岩 σ_{cc}、σ_{ci} 和 σ_{cd} 进行线性拟合。

不同围压下 σ_{cc}、σ_{ci} 和 σ_{cd} 的变化规律及线性拟合结果如图 5-8 所示。不同围压下压密应力 σ_{cc}、起裂应力 σ_{ci} 和损伤应力 σ_{cd} 的线性拟合方程如式(5-2)~式(5-4)所示,拟合参数 R^2 分别为 0.54、0.70 和 0.85。

$$\sigma_{cc} = 35.41 + 1.43\sigma_3 = 0.37\sigma_c^0 + 1.43\sigma_3 \quad (5\text{-}2)$$

$$\sigma_{ci} = 55.53 + 4.16\sigma_3 = 0.58\sigma_c^0 + 4.16\sigma_3 \quad (5\text{-}3)$$

$$\sigma_{cd} = 67.62 + 7.5\sigma_3 = 0.7\sigma_c^0 + 7.5\sigma_3 \quad (5\text{-}4)$$

式中:σ_c^0——单轴压缩条件下的峰值强度。

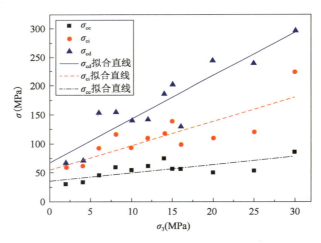

图 5-8 不同围压下 σ_{cc}、σ_{ci} 和 σ_{cd} 的变化规律

对比式(5-2)、式(5-3)和式(5-4),结合图 5-8 可以发现,σ_{cc}、σ_{ci} 和 σ_{cd} 的拟合直线的斜率逐渐增大,说明围压对 σ_{cc}、σ_{ci} 和 σ_{cd} 的影响逐渐增大。在围压增大的过程中,σ_{cc}、σ_{ci} 和 σ_{cd} 值的离散性也逐渐变大。同时,当 $0 \leq \sigma_3 \leq 4$MPa,试件由劈裂破坏主导;当 6MPa$\leq \sigma_3 \leq 30$MPa,试件由剪切破坏主导。

2）岩石破坏过程分析

采用声发射（Acoustic Emission，AE）对石英闪长岩的破坏过程进行分析。声发射是通过监测微裂纹扩展的声发射信号来判断裂纹的发展和岩石压缩过程。声发射是在材料内部能量迅速释放而产生的短暂的弹性波。由于声发射监测对试验过程无干扰，故而通常用来分析岩石试验裂纹扩展。通常而言，一次声发射事件代表一个裂纹开展。因此，在声发射事件开始出现的时间点对应的 ε_1-σ_1 曲线应力值为起裂应力 σ_{ci}，在声发射事件急剧增长的时间点对应的 ε_1-σ_1 曲线应力值为损伤应力 σ_{cd}。

此次声发射试验采用 2 个声发射探头，置于 MTS 加载室外壁，如图 5-9 所示。声发射结果包括振铃计数率、能量释放率两种形式。10MPa、15MPa、20MPa、25MPa、30MPa 试件试验过程采集的声发射结果及对应的强度特征点整理情况如图 5-10 所示，振铃计数率和能量释放率有很好的相似性，声发射事件集中处对应的特征强度值也趋于相同。

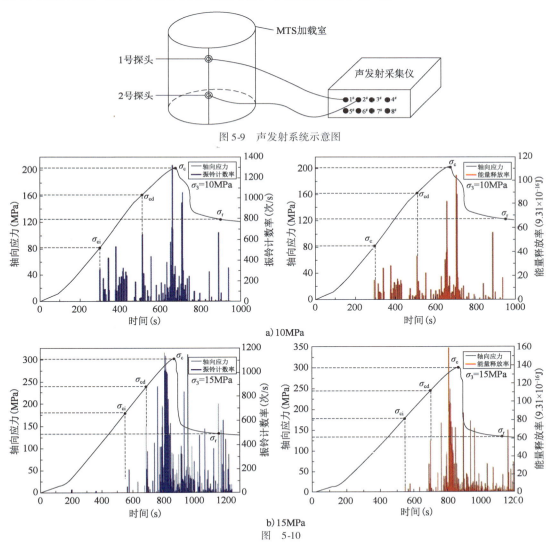

图 5-9 声发射系统示意图

a）10MPa

b）15MPa

图 5-10

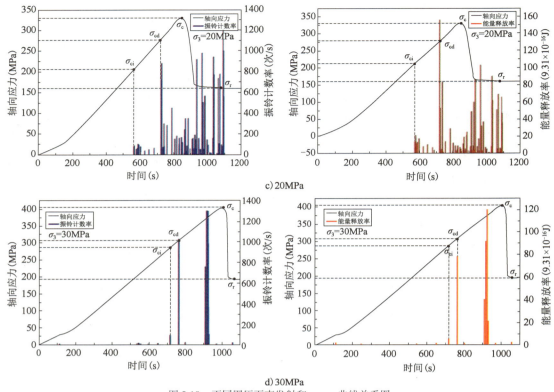

图 5-10 不同围压下声发射和 ε_1-σ_1 曲线关系图

分析图 5-10,得出以下规律:

(1)石英闪长岩压缩破坏过程的声发射特性和脆硬岩石压缩破坏的过程基本相符,可分为裂隙压密阶段和线弹性变形阶段、塑性阶段、峰值破坏阶段和峰后阶段。

①裂隙压密阶段和线弹性变形阶段:这两阶段基本是岩石内部裂纹或节理被压缩的过程,产生的声发射事件极少,振铃计数率和能量释放率数值基本为 0~5,在图中无法辨别,因此也无法确定压密强度 σ_{cc}。

②塑性阶段:在该阶段,声发射信号经历了出现较大信号、稳定、急剧增加、稳定的过程。出现较大信号说明岩石内部已经开始产生微裂纹,对应起裂应力 σ_{ci},并随着加载过程稳定发展,到达损伤应力 σ_{cd} 时间点附近,声发射信号急剧增加,说明内部微裂纹开始连接,这个过程始终伴随着微裂纹的产生和扩展。

③峰值破坏阶段:在应力水平即将接近峰值强度 σ_c 时,声发射信号激增且快速增长,达到整个试验过程的峰值,说明试件发生了强烈的宏观结构破坏。

④峰后阶段:在峰后到残余强度之间,声发射信号仍然比较强烈,这是宏观破坏产生断裂面之间的相互摩擦产生的声发射信号。

(2)比较不同围压下的振铃计数率以及能量释放率,可以发现围压越大,声发射事件出现的时间就越滞后。在 10MPa、15MPa、20MPa、25MPa、30MPa 围压下声发射事件出现的时间点分别为 300s、550s、570s、650s、720s,说明初始围压抑制了岩石内部微裂纹的增长,并且延长了岩石压密阶段。同时,围压越高,声发射出现后会以更快的速度增长,达到最大值,说明高围压下裂纹产生到宏观裂缝出现时间更短。

(3)比较不同围压下的振铃计数率以及能量释放率,可以发现:随着围压的增加,声发射累计事件减少。在10MPa、15MPa、20MPa、25MPa、30MPa围压下,累计振铃计数分别为1903211、1179411、208263、316757、145723次,累计能量释放分别为 $156107 \times 9.31 \times 10^{-16}$、$129076 \times 9.31 \times 10^{-16}$、$55696 \times 9.31 \times 10^{-16}$、$64214 \times 9.31 \times 10^{-16}$、$63800 \times 9.31 \times 10^{-6}$J。除了20MPa围压下的试件可能由于本身存在裂纹或缺陷,导致声发射事件较少时就发生了破坏外。围压在逐渐增加的过程中,声发射事件更加集中分布在特征应力附近,说明围压使裂纹发生的应力阈值增加了,并且裂纹一旦发生,试件强度必然收受到影响。

可以进行以下推测:在竖井开挖过程中,井筒周边岩体由三维应力状态转变为二维应力状态,导致岩体内部微裂纹不断扩展,裂纹产生的应力阈值逐渐减小。如果施工正处于围岩破碎带,那么施工扰动将更加容易引发井筒周边围岩失稳或垮塌。

(4)对声发射信号对应的特征强度点进行统计并绘制相应曲线,特征值统计见表5-4,段座曲线如图5-11所示。由图及表可知,随着围压的增加,各个特征强度值均增加。对于特征强度比值曲线而言,σ_{ci}/σ_c在0.4~0.70之间,随围压增加而增加,且平均值为0.65;σ_{cd}/σ_c值较为接近,在0.76~0.84之间,均值为0.79;σ_r/σ_c在0.51~0.92之间,随围压增加而增加,平均值为0.82;σ_{ci}/σ_c值较为接近,在0.76~0.84之间,坛值为0.45。除了σ_r/σ_c试件因素存在较大偏差,σ_{ci}/σ_c偏大,σ_{ci}/σ_{cd}偏小,但各个比值的范围与应力—应变曲线中统计的特征强度及相互间比值范围相接近,说明声发射确定岩石特征强度方法的合理性、正确性。但由于此次声发射试验数目较少,结果稳定性稍差,后续研究应当增加试验次数,以获得更具有说服力的结果。

基于声发射信号的强度特征值统计　　　　　　　　　　　表5-4

σ_3(MPa)	σ_{ci}(MPa)	σ_{cd}(MPa)	σ_c(MPa)	σ_r(MPa)	σ_{ci}/σ_c	σ_{cd}/σ_c	σ_r/σ_c	σ_{ci}/σ_{cd}
10	81.54	161.23	204.85	124.52	0.40	0.79	0.51	0.61
15	176.78	245.32	300.5	128.41	0.59	0.82	0.72	0.43
20	203.14	275.15	326.85	156.63	0.62	0.84	0.74	0.48
25	257.21	290.04	381.25	160.21	0.67	0.76	0.89	0.42
30	280.18	305.41	401.2	195.32	0.70	0.76	0.92	0.49

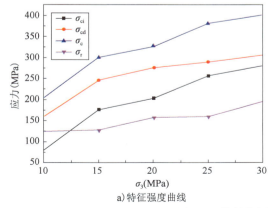
a)特征强度曲线

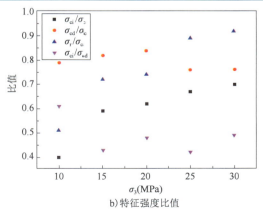
b)特征强度比值

图5-11　特征强度值曲线及特征强度比值

5.1.3 强度参数研究

针对裂隙和破裂岩体的破坏,HOKE 和 BROWN 于 1950 年提出经验强度准则[18],并在岩土工程领域获得了广泛的研究和应用。对于完整岩石,定义如式(5-5)。

$$\sigma_1 = \sigma_3 + \sqrt{m_i \sigma_c^0 \sigma_3 + s(\sigma_c^0)^2} = \sigma_3 + \sigma_c^0 \left(\frac{m_i \sigma_3}{\sigma_c^0} + 1 \right)^{0.5} \tag{5-5}$$

式中:σ_1——最大主应力;

σ_c^0——单轴抗压强度;

m_i——材料参数,取决于岩石类型、矿物成分及粒度等,可通过单轴、三轴压缩试验获得;

s——材料参数,取决于岩石的完整程度,完整岩石取 1,完全破碎岩石取 0。

将 $\sigma_1 = 0$ 代入式(5-5)中,并求解二次方程,可得试件(或岩体)的单轴抗拉强度:

$$\sigma_t = \frac{1}{2} \sigma_c (m - \sqrt{m^2 - 4s}) \tag{5-6}$$

式中参数含义同前。

根据此次单轴和三轴试验数据,不同围压范围下的 HOEK-BROWN 强度曲线及对应的 m_i 如图 5-12 所示。由于试件破坏形式分为三种:小围压(0~4MPa)的劈裂破坏,中围压(6~12MPa)的劈裂和剪切破坏,高围压(14~30MPa)的剪切破坏。因此,在对不同围压下进行分析 m_i 时,也分为 0~4MPa、6~12MPa 和 14~30MPa 三种情况。当 σ_3 在 0~4MPa 时,m_i 为 13.6,以 $m_i = 13.6$ 计算不同围压下的第一主应力 σ_1,其拟合曲线的 R^2 为 0.9837;当 σ_3 在 6~12MPa 时,m_i 为 27.0,以 $m_i = 27.0$ 计算不同围压下的第一主应力 σ_1,其拟合曲线的 R^2 为 0.9762;当 σ_3 在 14~30MPa 时,m_i 为 29.4,以 $m_i = 29.4$ 计算不同围压下的第一主应力 σ_1,其拟合曲线的 R^2 为 0.9758。

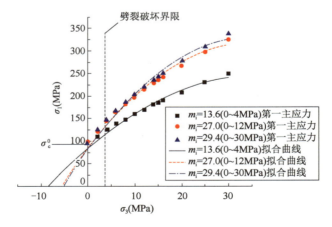

图 5-12 不同围压下石英闪长岩 HOEK-BROWN 强度参数 m_i 及包络曲线

分析图 5-12 可得到以下规律:

(1)HOEK-BROWN 强度参数 m_i 并非恒定,而是依赖着围压的变化。随着围压的增加,m_i

逐渐增大,这与试件破坏机制相关。在低围压区(0~4MPa),以轴向劈裂破坏为主;在中围压区(6~12MPa),轴向劈裂破坏和剪切破坏共同发生;在高围压区(14~30MPa),以剪切破坏为主。当围压大于4MPa时,试件破坏均是由剪切破坏控制,因此中围压区和高围压区的m_i相差不大。

(2)HOEK-BROWN强度准则在低围压区与高围压区差别较大,但过了劈裂界限(4MPa)后,m_i对围压的变化并不敏感,即当σ_3在6~30MPa之间时,m_i在27.0~29.4之间。而当σ_3在0~4MPa之间时,m_i明显下降,仅为13.6。

(3)当σ_3在0~4MPa之间时,强度包络曲线低估了石英闪长岩的单轴抗拉强度和单轴抗压强度,并且明显低估了高围压下岩石的峰值强度;当σ_3在6~30MPa之间时,强度包络曲线低估了石英闪长岩的单轴抗拉强度和单轴抗压强度,并且明显低估了高围压下岩石的峰值强度;强度包络曲线同样低估了石英闪长岩的单轴抗拉强度和单轴抗压强度,却能较好地体现高围压下的峰值强度。

(4)在σ_3 = 6~30MPa时获得m_i = 27.0~29.4,与石英闪长岩m_i = 25~30的建议值较为吻合。

5.2 竖井稳定性及受荷特征分析

在深大竖井修建过程中,竖井支护是竖井结构稳定的保证。因此,如何确定竖井的支护参数和对竖井衬砌结构内力特性进行分析是竖井修建的重点。针对米仓山隧道深大竖井,以数值模拟为手段,对竖井围岩损伤机理、竖井的稳定性及衬砌结构受力特性进行分析,验证米仓山竖井结构的稳定性,得到衬砌结构受力特性,确定其现有围岩衬砌结构可以保证竖井在施工运营期间的安全性。

5.2.1 竖井开挖损伤机理

1)深埋隧洞爆破开挖扰动机理

众多研究表明,地下硐室的开挖会造成硐周围岩的损伤,高地应力条件下岩体爆破损伤区(BDZ)的深度、损伤区的分布特征与围岩应力重分布、开挖方式密切相关[19-21]。

硬岩采用钻爆法开挖,而炸药爆破伴随着大量爆生气体的产生和爆炸应力波的反射拉伸作用。岩石爆破理论的发展大体上经历了三个阶段[22]。第一阶段以爆生气体膨胀作用理论为基础,认为爆炸作用下岩石的破碎主要是由爆生气体的膨胀压力引起的。KUTTER H K 和 HAGAN T N 等认为爆生气体能够在岩石内部形成一种准静态压力场,并将这种作用称为爆生气体的气楔作用。第二阶段为爆炸应力波反射拉伸作用理论,以爆炸动力学为基础,认为爆炸应力波是引起岩石破碎的主要原因。DALLY J W 和 ROSSMANITH H P 利用动光弹试验研究了爆炸应力波对裂纹起裂、扩展的影响。第三阶段为爆炸应力波和爆生气体综合作用理论,认为岩石破坏是爆炸应力波和爆生气体共同作用的结果。WILSON W H 通过试验和理论分析研究了爆炸应力波和爆生气体在台阶爆破中的作用。

研究表明,根据被爆介质的破坏特征,在耦合装药条件下,从炮孔由近到远可分为3个不

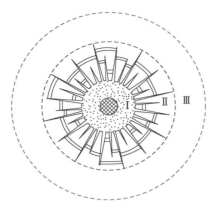

图 5-13　爆破影响范围划分
Ⅰ-粉碎区(爆破近区)；Ⅱ-裂隙区(爆破中区)；Ⅲ-弹性振动区(爆破远区)

同的影响区域：爆炸应力波和爆生气体综合作用理论指出，在爆炸应力波的作用下，炮孔周边的介质所受瞬时动态压力超过抗压强度而被压坏，形成粉碎区(爆破近区)；随后粉碎区的部分微裂纹在准静态作用驱动下扩展成较大的径向和环向裂纹，形成裂隙区(爆破中区)；裂隙区以外，爆炸应力波和爆生气体的作用不足以引起介质的进一步破坏，只能引起该区域内质点发生弹性振动，即弹性振动区(爆破远区)，如图 5-13 所示。

对于完整性较好的脆硬性围岩，岩石中普遍存在着微裂纹，而微裂纹的萌生、扩展、连接、贯通是岩石损伤劣化的细观描述。对于高地应力条件下的硐室，开挖损伤区还受地应力影响，开挖中地应力卸载和重分布所造成的损伤范围将有可能成为损伤区的重要组成部分。特别是爆破过程中发生的地应力高速卸荷对于围岩的损伤会起到重要作用。

2) 松动圈测试方法

一般人们将位于隧道爆破开挖区域以外由于隧道开挖和应力重分布而受到扰动或者损伤的那部分区域称为爆破损伤区[23]。这种扰动和损伤一般表现为新裂缝的产生，既有裂缝的闭合和张开。这个过程会导致围岩力学、水理和物理性质的变化，具体表现为岩体的微裂隙增多，变形增大，黏聚力、内摩擦角和变形模量降低。因而，探明扰动区的范围和力学性质对于确定荷载特性、支护结构稳定性具有重要意义。

目前对于爆破损伤的测量主要有声波测试法(Acoustic measuring method)、多点位移计法(Multipoint displacement meter)、地震波法(Cross-hole seismics；Spectral analyses of surface waves，SASW)、地质雷达法(Geological radar)、测孔成像法(Borehole image processing system，BIPS)等[24]。

上述各围岩松动圈物理探测方法优缺点如下：

(1) 声波法应用起步较早，操作简单，技术方面比较成熟，测试结果准确，在我国许多工程领域应用广泛，但应用中容易塌孔或测孔堵塞，需要水耦合和持续灌水，适用于破碎程度低的围岩。

(2) 多点位移计法能够获得大量测试数据，量测精度不高，所需的工作量大，测试周期长，可获得隧道开挖后一段时间内松动圈的变化规律。

(3) 地震波的层析成像法测试精度高，成本较高，现场安装较困难，但是其测试结果准确可靠。

(4) 地质雷达法近些年来在隧道工程领域发挥了越来越重要的作用，其可实现快速、无损检测，对测试区域围岩条件及施工环境要求不高，在隧道围岩松动圈测试方面的精度尚需进一步验证。

(5) 钻孔摄像法适用于岩性较好的岩体，所得的信息量大，测试结果精度高，但是仪器较贵，现场操作复杂。

超声波测试的原理是声波在岩体中传播时其波速会因岩体介质中存在裂隙发育、密度降低、声阻抗增大而降低;若岩体完整性较好,受原岩应力较大、密度也较大,此时声波的传播速度也较大。因此,在现场测试过程中测得的声波波速高则岩体完整性好,波速低说明岩体存在裂缝,围岩发生了破坏。采用声波探测法可以测出距围岩表面不同深度的岩体波速值,从而可以推断出围岩松动圈的大小范围。

声波探测法按测试方式的不同分为单孔测试法与双孔测试法。由于双孔测试法因钻孔工作量相对单孔测试法较大,对围岩损伤大,且发射探头和接收探头达到同步移动较为困难已逐步被单孔测试法所取代。超声波单孔测试原理如图 5-14 所示。

声波探测法的主要优点是测试技术成熟可靠,原理简单,仪器可以重复使用。因此应用较广。在米仓山竖井施工过程中,采用超声波探测法进行现场测试。测试采用 RSM-RCT(B)声波测井仪,如图 5-15 所示,性能指标见表 5-5。

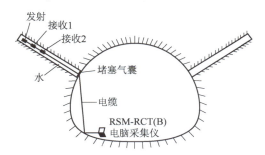

图 5-14 超声波法单孔测试示意图

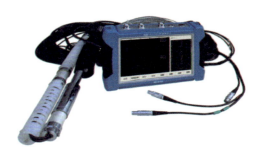

图 5-15 RSM-RCT(B)声波测井仪

RSM-RCT(B)声波测井仪性能指标 表 5-5

项目	性能指标	项目	性能指标
主控形式	低功耗嵌入式系统 主频:1GHz 内存:512M	记录长度	0.5~1k
采样方式	发射、接受独立分开	发射电压	500V/1000V 可选
显示模式	8.4 寸真彩显示屏 640mm×480mm	放大增益	≥82dB
操作方式	触摸屏	通道数	一个发射通道、两个接收通道
储存模式	电子硬盘	一次提升测试剖面	两个剖面
深度计数方式	自动记录、手动记录	发射脉宽	1~100μs 连续可调
触发方式	信号触发、外触发	频带宽度	1~500kHz
接受灵敏度	≤30μV	工作温度	-20~+55℃
道间串扰	≤1/400	供电模式	内置锂电池≥6h
数据传输模式	USB 传输	外形尺寸	250mm×160mm×70mm
采样间隔	0.1~200μs	质量	2.0kg(含电池)

测试过程中测孔布置如下:一般每断面(每隔100m 为 1 个监测断面,共 4 个监测断面)布置 4 个孔,1~3 号孔作为主要测孔,4 号孔作为备用测孔,每个测孔深度约 2.0m。在开挖第一次出渣完成后,采用人工钻孔的方式在井壁围岩上打孔,并利用高压风进行吹孔,然后依次放

入发射器和接收器,同时灌入水作为耦合剂进行测试,如图5-16、图5-17所示。

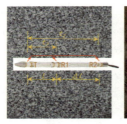
a)测试原理图

b)测试设备

c)钻井测试孔

d)传感器位置移动

e)数据收集

图5-16 超声波试验的测试过程

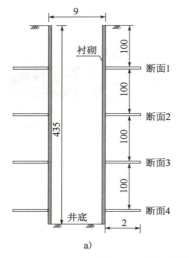

图5-17 测孔布置与主应力方向(尺寸单位:m)

3)测试结果及分析

地下硐室开挖前,岩体处于三向应力平衡状态,开挖后围岩应力将发生重分布,主要体现在硐室周边径向应力下降为零,围岩强度明显下降,而切向应力增大,出现应力集中现象,一般认为集中系数大于2。如果集中应力小于岩体强度,那么围岩将处于弹塑性稳定状态。当应力超过围岩强度之后,硐室周边围岩将发生破坏,并逐渐向深部扩展,直至达到新的三向平衡状态,此时,硐周围岩已进入到了破碎状态。董方庭等人将这种松弛带定名为围岩松动圈,其力学特性表现为应力降低,松动区之外称为塑性极限平衡区及弹性区,如图5-18所示。

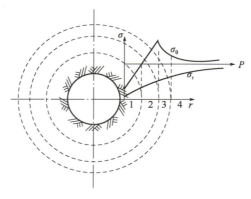

图5-18 开挖后围岩状态
1-松动圈;1~2-塑性区;2~3-承载区;3~4-弹性区;
4-原岩应力区

图5-19为测量得到的波形示例。从图中可以看出,损伤区接收到的波幅比完整区的结果要大得

多,同时损伤区的传播速度比完整区的结果要慢得多。

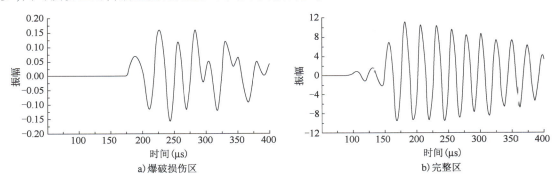

a) 爆破损伤区　　　　　　　　　　b) 完整区

图 5-19　波形图

波速测试结果如图 5-20 ~ 图 5-23 所示（图中 BDZ 表示考虑损伤区）。

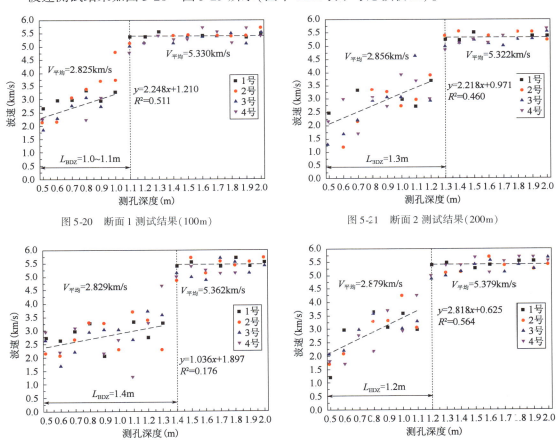

图 5-20　断面 1 测试结果（100m）　　　图 5-21　断面 2 测试结果（200m）

图 5-22　断面 3 测试结果（300m）　　　图 5-23　断面 4 测试结果（400m）

从以上图中可以看出在不同深度处松动圈基本上都处在 1.0 ~ 1.4m 范围内,竖井深度对松动圈范围的影响不明显,同时地应力方向对松动圈范围的影响也非常有限,这说明在米仓山竖井中,地应力条件对松动圈范围的影响是有限的,这种松动圈主要是因为爆破损伤引起的,因而在实际工程中可以通过改善爆破来降低对围岩的损伤。

5.2.2 竖井稳定性分析

收敛约束法是进行隧道结构体系设计的实用方法之一,其基本原理是利用岩体特征曲线和支护结构特征曲线交会的办法来决定支护体系的最佳平衡条件;核心理念即是认为地下工程开挖后,周边向内形变就可称之为收敛,支护结构则提供支护力约束围岩收敛,围岩约束力就是所谓的支护力,相应原理如图 5-24 所示。类似的,收敛约束法也可用于竖井结构设计。在竖井开挖过程中,随着竖井开挖的进行并逐渐接近竖井底部,围岩径向位移逐渐增大,有效支撑力逐渐减小。由于竖井开挖后一般需要隔开一段时间才修筑衬砌,在这段时间内井壁围岩将不受衬砌的约束而产生自由变形,即 u_{r0} 为井壁围岩在衬砌修筑前已发生的初始自由变形值。如果在发生预估位移量 u_{r0} 之后,且在围岩—支护特征曲线的交点处施作衬砌,由于围岩会继续变形直至达到平衡,衬砌开始承受荷载作用,根据此关系可计算衬砌所需提供的支护力,即井壁衬砌所受荷载。

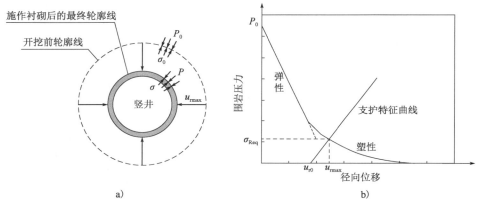

图 5-24 收敛约束法示意图

以往对作用在井筒衬上的荷载的研究考虑了井筒周围的位移和应力分布,但没有考虑爆炸致损的影响。本节对米仓山深井井筒爆破损伤分布进行了现场试验研究,在考虑围岩松动圈的情况下,基于收敛约束法,利用数值模拟对竖井的稳定性和衬砌结构受力特征进行深入的分析。

1) 模型建立

现有数值模拟大多是采用有限元计算软件,以连续介质为基础对工程施工导致的围岩位移和荷载变化进行分析,对于米仓山竖井工程而言,在开挖爆破后井壁周边围岩已经变为松散的非连续介质,此时采用连续介质模拟已不适用。但是有限元计算软件可以模拟得到竖井周边围岩整体的位移和应力释放情况以及释放过程,并对施工过程中围岩荷载变化推论进行验证,因此继续采用连续介质进行米仓山竖井施工阶段模拟。

根据米仓山的实际施工方式和具体参数对竖井开挖后周边围岩以及衬砌受力特征进行数值模拟,同时考虑爆破产生的围岩松动圈影响,即在开挖爆破后将松动圈范围内围岩参数弱化,在一定程度上模拟围岩松散破碎的情况,且松动圈范围设置为 1.4m。

为保证计算精度并降低计算量,计算采用 1/4 对称模型,计算模型高 450m,长和宽均为 200m。根据轴对称模型的特点,给对称面施加法向的位移约束,即只允许对称面上的节点产生切向位移,而不能产生法向位移。在模型底部采用位移约束,限定竖向位移,顶部和侧向采用应力边界。计算模型划分单元 865125 个,节点 918954 个。计算模型如图 5-25 所示。同时,为反映竖井开挖真实情况,在模型周边施加相互垂直的水平主应力,即最大水平主应力和最小水平主应力,大小分别为 16.39MPa 和 7.55MPa,测点布置如图 5-26 所示。

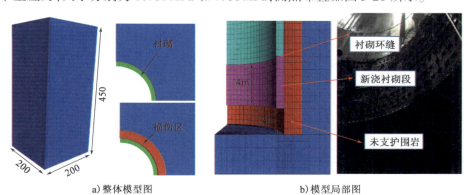

a) 整体模型图　　　　b) 模型局部图

图 5-25　计算模型图计算参数(尺寸单位:m)

2) 参数确定

(1) 围岩参数

目前已有多种本构模型被应用于岩土工程的数值模拟中,使用较多的有弹性和弹塑性本构模型。而岩体材料是一种非常复杂的材料,在岩体内部广泛分布着各种节理裂隙,这些节理裂隙会对岩体的宏观力学性能产生重要影响,因而选择合理的本构模型对于计算结果的准确具有重要意

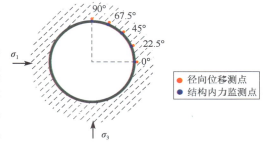

图 5-26　模型地应力及测点布置

义。HOKE 与 BROWN 在 1980 年提出了狭义的 H-B 强度准则,经不断修正,HOKE 与 BROWN 等在 1992 提出了广义的 H-B 强度准则,见公式(5-7)。

$$\sigma_1 = \sigma_3 + \sigma_c \left(m_b \frac{\sigma_3}{\sigma_c} + s \right)^a \tag{5-7}$$

式中:σ_1、σ_3——最大和最小有效应力;

σ_c——完整岩块的单轴抗压强度;

m_b——岩体的 H-B 参数;

s、a——相关参数,这些参数由岩体的 m_i 值、GSI 值以及扰动系数 D 决定。

相关系数具体计算方法如下:

$$m_b = m_i \exp\left(\frac{GSI - 100}{28 - 14D_i}\right) \tag{5-8}$$

$$s = \exp\left(\frac{GSI - 100}{9 - 3D_i}\right) \tag{5-9}$$

$$a = \frac{1}{2} + \frac{1}{6}\left[\exp\left(-\frac{GSI}{15}\right) - \exp\left(-\frac{20}{3}\right)\right] \qquad (5\text{-}10)$$

式中:m_i——完整岩体的参数,这个参数可以通过单轴测试获得,根据 Marinos 和 Hoke 等人的研究,石英闪长岩的 m_i 值为 25。

GSI 值主要用来描述岩体的结构特征,在工程实际中主要根据现场观测来确定,不过许多学者也提出了定量 GSI 值的方法。

BARTON N 通过挪威、瑞典、中国及其他地区大量工程数据的统计分析,给出了工程岩体波速 v_P(km/s)与岩体质量指标 Q 之间的关系。

$$Q = 10^{v_P - 3.5} \qquad (5\text{-}11)$$

随后他又提出了 RMR_{89} 分类值与岩体质量指标 Q 之间的关系。

$$RMR_{89} = 15\lg Q + 50 \qquad (5\text{-}12)$$

其中 RMR_{89}(Rock Mass Rating)为地质力学分类指标,由南非科学与工业研究委员会提出的 CSIR 分类指标值。将上述两式结合起来,可得到岩体波速 v_P 与 RMR_{89} 分类指标值之间存在如下定量关系:

$$GSI = RMR_{89} - 5 \quad (RMR_{89} > 23) \qquad (5\text{-}13)$$

夏开宗等人根据上述公式建立了岩体波速 v_P 来表示地质强度指标 GSI 之间的如下关系式:

$$GSI = 15v_P - 7.5 \qquad (5\text{-}14)$$

HOKE 等在 2002 提出了一个扰动系数 D 来评价隧道开挖后应力重分布及爆破损伤对围岩的扰动情况,夏开宗的研究表明这个扰动系数可以通过开挖前后波速变化程度来评价。

$$D = 2(1 - R_s) \qquad (5\text{-}15)$$

$$R_s = 10^{(v_{PB} - v_P)/3} \qquad (5\text{-}16)$$

如果计算得到的 $R_s < 0.5$,则取 0.5。其中围岩的弹性模量可以通过式(5-17)计算。

$$E = \begin{cases} \left(1 - \frac{D}{2}\right)\sqrt{\dfrac{\sigma_c'}{100}} 10^{(GSI - 10)/40} & (R_c \leq 100\text{MPa}) \\ \left(1 - \frac{D}{2}\right) 10^{(GSI - 10)/40} & (R_c > 100\text{MPa}) \end{cases} \qquad (5\text{-}17)$$

计算所用围岩参数见表 5-6。

计算所用围岩参数　　表 5-6

E_B(GPa)	v	γ	GSI	σ_c'	m_i	m_b	s	D
15.66	0.21	2840	72.6	72.7	25	3.53	0.010	1.0

(2)支护材料参数

竖井在施工过程中除井口段和马头门段采用钢筋混凝土外,其余大部分采用 C35 素混凝土。在数值模拟过程中经常采用弹性本构来模拟混凝土衬砌结构。

目前的模拟中基本未考虑支护材料弹性模量对支护力学作用的影响,但混凝土在浇筑后会产生水化反应,随着水化反应的进行,混凝土的强度和弹模逐渐增加,直至水化反应完成,这个过程会伴随着开挖掘进的过程持续一段时间,因而会不可避免地对支护结构的支护效应产生一定的影响。为了说明弹性模量对支护作用的影响,采用数值分析软件开展了简单的模拟。此次模拟分别针对变模量、恒定模量以及拟合模量 3 种模式开展单轴压缩实验,探究在相同压缩量情况下,不同弹模对构件内力的影响。其中变模量采用三阶段不同模量,恒定模量采用单一恒定模量,拟合模量按公式(5-18)计算求得。

$$E = \frac{L_1 E_1 + L_2 E_2 + L_3 E_3}{L} \tag{5-18}$$

式中:E——拟合弹性模量值;

L——整个压缩过程中试件的压缩量;

E_n——每个阶段试件对应的弹性模量;

L_n——每个阶段的压缩量。

3 种工况对应的结果如图 5-27 所示。从图中可以看出当压缩量达到 0.3mm 时,3 种计算工况对应的竖向应力分别为 75.47MPa、96.16MPa 和 74.00MPa,其中变模量对应的应力最小,与变模量工况相比,后两种工况对应的内力分别增大了 27.41%,-1.97%,从计算结果可以看出,拟合模量和变模量两种计算方法的最终结果较为接近,但是在压缩过程中拟合模量的应力大于变模量的应力。

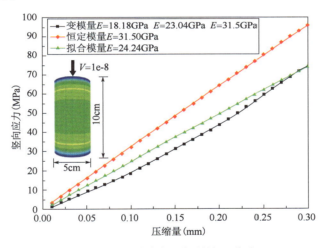

图 5-27 竖向应力与压缩量的相互关系

王梦梦[24]研究了 C40 混凝土早龄期的弹模规律,研究结果表明混凝土弹模在浇筑后 0~3d 内弹模发展较快,在 7d 时弹模基本达到稳定。其中各阶段混凝土弹模与最终弹模的比值见表 5-7。

不同龄期的混凝土弹性模量　　　　　　表 5-7

龄期(d)	0.5	1	3	7	14	28	90
C40 弹模 E(GPa)	6.5	17.2	20.9	22.7	25.9	29.8	38.7
比例(与 28d 相比)(%)	21.81	57.71	70.13	76.17	86.91	100	129.87
C35 弹模 E(GPa)	6.3	16.7	20.3	22.0	25.1	31.5	40.9

混凝土弹模随龄期变化规律如图 5-28 所示。研究中假定混凝土弹模变化规律与上述研

究规律一致,且混凝土弹模在 7d 时发展到 28d 龄期的 100%。

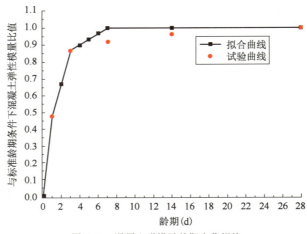

图 5-28　混凝土弹模随龄期变化规律

3)计算结果分析

(1)竖井位移分析

竖井位移受到多种因素的影响,而混凝土的参数是一个重要因素,根据上述混凝土参数的变化规律,可以把竖井位移分成几个不同的阶段,各阶段分别为开挖后、衬砌安装 0d、衬砌安装 1d、衬砌安装 27d 和竖井开挖完成阶段。将上述阶段对应的几个关键节点依次命名为 s_1、s_2、s_3、s_4、s_5;各关键节点对应的位移分别为 d_1、d_2、d_3、d_4、d_5,即 d_1 为开挖后的位移,d_2 为衬砌安装时的位移,d_3 为衬砌安装 1d 后的位移,d_4 为衬砌安装 27d 后的位移,d_5 为竖井开挖完成后对应的位移。

由于不同开挖阶段的位移发展程度是不一样的,为此,Panet[25]等人采用位移释放率 $u^* = \dfrac{u_R}{u_{max}}$ 来衡量各阶段的位移。

$$u^* = \frac{u_R}{u_{max}} = \frac{1}{4} + \frac{3}{4}\left[1 - \left(\frac{3}{3+4X^*}\right)^2\right] \quad (5-19)$$

式中:X^*——距临时掌子面距离与隧道直径的比值,$X^* = X/R_T$;

　　　u_R——指定位置的当前径向位移;

　　　u_{max}——监测断面的最大径向位移;

　　　R_T——隧道直径;

　　　X——距临时掌子面的距离。

计算中同一开挖进尺内一定深度处几个关键节点(s_1、s_2、s_3、s_4、s_5)对应的位移释放率如图 5-29 所示。在大主应力方向,对于无损伤区工况有 17.10% ~ 38.54% 的位移发生在衬砌安装之后,而对损伤区工况有 3.44% ~ 12.70% 发生在衬砌安装之后;在小主应力方向,对无损伤区工况,有 6.69% ~ 27.75% 发生在衬砌安装后,而对有损伤区工况,只有 0.59% ~ 3.72%,这表明应力方向会对释放率产生一定影响,在同一断面上,在小主应力方向的应力释放率分布反而更加集中,这可能与不均匀主应力场开挖后应力重分布有关,特别是有损伤区的工况。

第5章 竖井围岩稳定性及井筒受荷特性研究

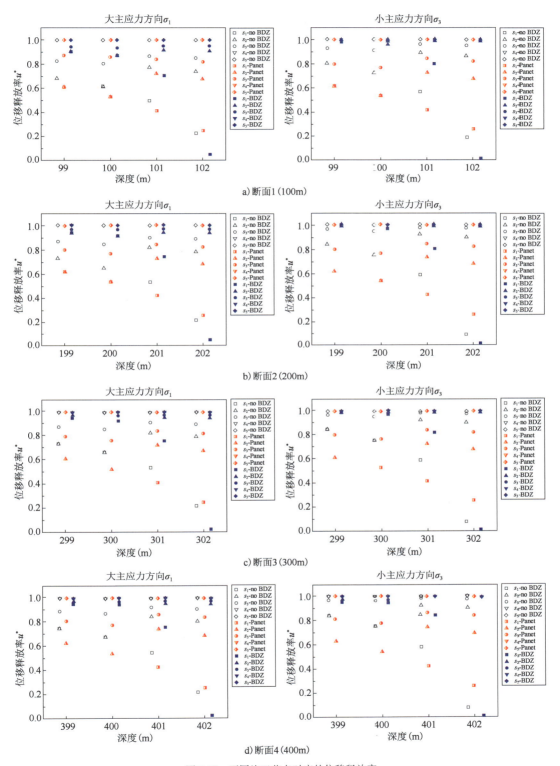

图 5-29 不同施工节点对应的位移释放率

竖井开挖完成后，在100m、200m、300m和400m处的径向位移如图5-30所示。从图中可以看出，深度越大，开挖后产生的径向位移越大，大主应力方向的位移值大于小主应力方向的位移值，此外损伤区的出现则会明显增大位移值，无损伤区的位移值基本上与深度呈线性关系，而有损伤区的位移值则与竖井深度呈二次函数关系。

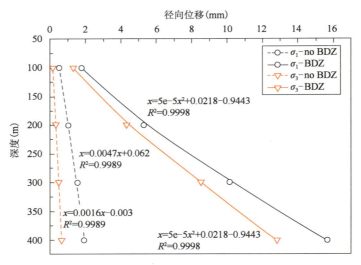

图5-30 竖井周边位移与深度关系

引入新参数 $u^\# = u_n/u_2$ 评估每开挖进尺内不同深度测点处最终位移的不均匀性，式中 u_n 为临时底部距离为 n 处的位移，u_2 为距临时底部距离为2m处的位移。为便于后文进行分析，此处将断面100m、断面200m、断面300m和断面400m分别命名为 Sec_1、Sec_2、Sec_3 和 Sec_4；考虑损伤区和不考虑损伤区分别命名为 BDZ 和 no BDZ，如图5-31所示。

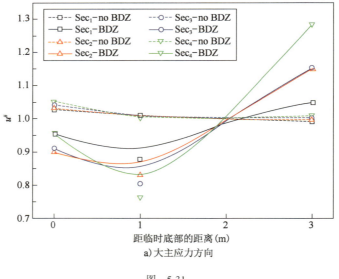

图 5-31

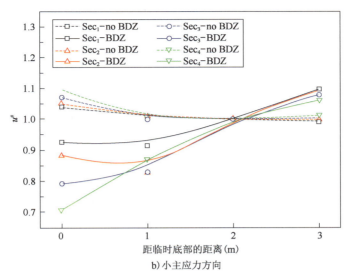

b) 小主应力方向

图5-31 距掌子面不同距离处位移分布

由图可知,在不考虑损伤区(no BDZ)时,无论是大主应力方向还是小主应力方向,两者的$u^\#$都表现出了较好的线性规律,且离掌子面越远的测点最终位移越大,这和位移值的总体规律是一致的;在考虑损伤区(BDZ)时,$u^\#$在大主应力方向呈现出了非线性,在开挖进尺内,最小位移值出现在距离临时掌子面1m的地方,而最大位移值出现在离掌子面3m的地方,虽然在小主应力方向上断面4的结果表现出了一定的异常,但是总体规律和大主应力类似,曲线都呈"V"字形。这说明损伤区的存在会影响竖井开挖后位移的分布规律。

(2)衬砌结构应力计算

①环向应力计算结果分析

根据收敛约束法,如果知道初始位移就可以通过围岩特征曲线(CCC)和支护特征曲线(Reaction line)确定作用在衬砌上的荷载,但是为了评估不同方法计算荷载的差异,通过数值模拟计算出各个监测断面对应的位移值,然后根据围岩特征曲线和支护特征曲线分别计算出作用在竖井上的荷载,再和数值计算的结果进行对比。为便于后文进行分析,此处将CCC-no BDZ、Reaction line-no BDZ 和 Numerical modeling-no BDZ 分别定义为不考虑围岩损伤区时按照围岩特征曲线、支护特征曲线和数值模型计算所得结果;而CCC-BDZ、Reaction line-BDZ 和 Numerical modeling-BDZ 则正好相反。

图5-32为不同方法计算所得井壁径向荷载随深度的变化曲线,从图中可以看出,随着深度增加作用在竖井支护结构上的荷载会随之增大,这和围岩的总体位移规律是一致的,但是几种不同的方法计算的结果是有差异的,深度越大,差异越大。

由收敛曲线的计算结果可知,其无损伤区的结果要大于损伤区的结果。但是对于约束曲线和数值模拟计算的结果而言,有损伤区的结果都要大于无损伤区的结果。同时计算结果表明初始地应力也会对荷载分布产生影响,对于收敛曲线和数值计算的结果,小主应力方向的荷载要大于大主应力方向的结果,而约束曲线的计算结果则表明大主应力方向的荷载要远远大于小主应力方向的结果,这主要是由于在不均匀地应力条件下,大主应力方向的位移更加显著，根据该方法计算的结果没有考虑衬砌结构和围岩变形的协调性。

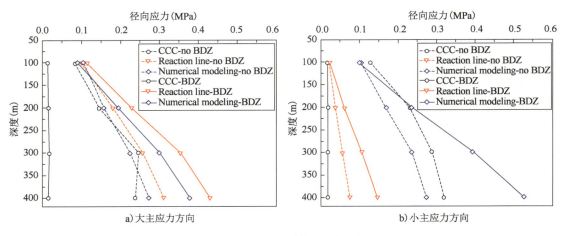

图 5-32　不同方法计算的围岩压力

不同断面单一开挖进尺内距临时掌子面不同距离处围岩的荷载如图 5-33 所示。结果表明，对于支护特征曲线计算结果（Reaction line）和数值计算结果（Numerical modeling）而言，在距离临时掌子面 2m 的位置处荷载是最大的，而其他 3 个测点处的荷载都是比较接近的，且最大值与最小值有很大的区别。对于无损伤区工况，由支护特征曲线计算所得结果的不均匀值为 2.52～3.65MPa（小主应力）和 1.70～2.02MPa（大主应力），数值模拟结果的不均匀值为 2.02～7.14MPa（小主应力）和 2.03～7.37MPa（大主应力）；对损伤区工况而言，其对应的不均匀值分别为 3.42～5.15MPa、1.98～2.85MPa、1.69～2.00MPa 和 5.44～7.01MPa。从结果来看，对于有损伤区的工况荷载分布更加不均匀，对于围岩特征曲线计算结果（CCC）而言，没有损伤区的结果也基本上呈现了类似的规律（除了部分工况，如 100m 小主应力、大主应力，200m 大主应力），但是有损伤区的结果表明最大荷载基本出现在距临时掌子面 1m 的位置。

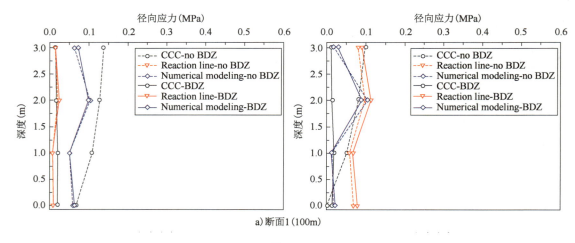

a) 断面1(100m)

图　5-33

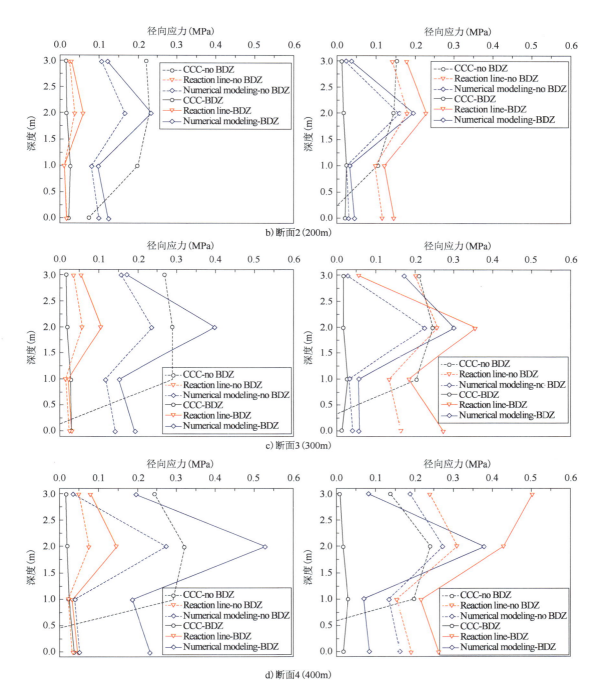

图 5-33 距掌子面不同距离处围岩压力值

②竖向应力计算结果分析

竖井衬砌结构竖向应力及竖向位移如图 5-34 所示。从图中可以看出,衬砌结构在竖向上以受压为主,且随着深度的增加竖向应力均有不同程度的增加,但衬砌内侧的竖向压力远大于外侧竖向压力,此外竖向应力与竖向位移具有良好的相关性。

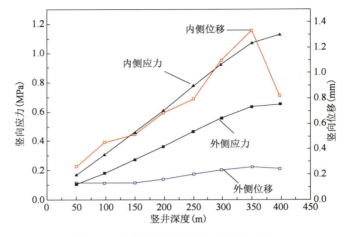

图 5-34 竖井衬砌结构竖向应力及竖向位移

竖井衬砌结构在初始浇筑后会在自重作用下产生向下的位移,此时衬砌结构在竖向上基本不受力,即衬砌竖向内力基本为 0,如图 5-35a)所示,此时掌子面附近范围内的围岩和衬砌均为向下的位移。但是,随着掌子面的继续开挖,围岩位移逐渐释放,同时混凝土逐渐硬化,此时衬砌在围岩压力的作用下发生不均匀的侧向挤入变形,如图 5-35b)所示。从图中可以看出,衬砌的下端挤入量远大于上端的挤入量,部分网格节点产生了顺时针旋转的趋势。因而竖井衬砌结构在受力上并不是受到自上而下传递的自重产生的,而是由于衬砌结构不均匀挤入导致的挤压产生的。

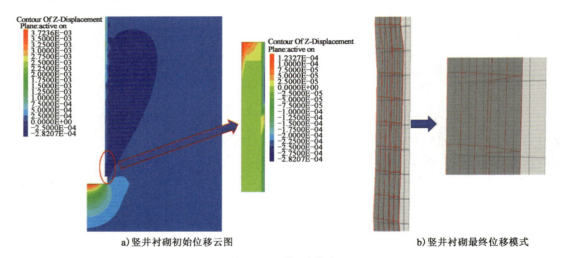

a) 竖井衬砌初始位移云图　　　　b) 竖井衬砌最终位移模式

图 5-35 竖井竖向位移

4) 现场监测结果分析

在竖井施工过程中,采用光栅光纤传感器对竖井井筒受力进行监测。根据竖井工程特点,每 50m 布置一个断面,在围岩界面适当调整,共 8 个断面,以实现不同深度、不同级别围岩段的测试,如图 5-36 所示。仪器安装过程如图 5-37 所示。

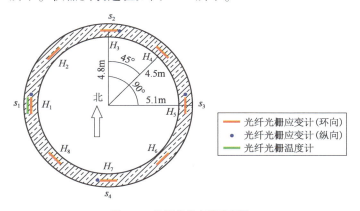

图 5-36　监测仪器布置示意图

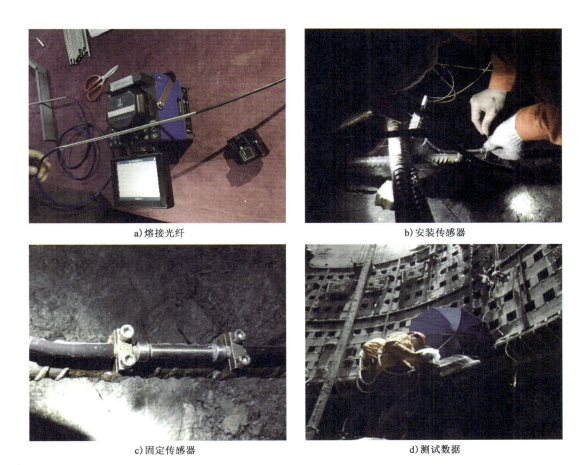

图 5-37　监测过程

测试结果如图 5-38 所示,图中所示数据为每断面受力的平均值。从整体上看,混凝土衬砌环向应力随着埋深的增加而呈现不同程度的增加,但是当竖井深度较小时(＜200m),环向

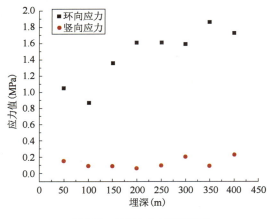

图 5-38　衬砌内力与埋深关系

应力增加的趋势较为明显,而当竖井深度达到一定程度后,其环向应力增加较为缓慢。这说明对于米仓山竖井而言,侧向荷载主要是由于形变压力产生的,且这种形变压力与地层应力水平密切相关,而当达到一定深度时,竖井侧向荷载趋近与一个定值。监测结果表明井筒环向应力最大值为 1.86MPa,这远远小于该强度等级混凝土(C35)的抗压强度。

监测结果表明,井筒竖向应力以受压为主,且数值较小,大部分监测断面的竖向应力不超过 0.2MPa,且竖向应力与深度相关性不明显,这主要是由于井筒侧向不均匀挤入导致的。

根据《公路隧道设计细则》(JTG/T D70—2010)秦氏方法计算竖井围岩压力。

$$p_n = (\gamma_1 h_1 + \gamma_2 h_2 + \cdots + \gamma_n h_n)\lambda_n \tag{5-20}$$

式中:p_n——为第 n 层底板作用于井壁上的侧压力;
　　　γ_n——第 n 层岩层重度;
　　　h_n——第 n 层岩层厚度;
　　　λ_n——第 n 层岩层的侧压力系数。

由于地层中石英闪长岩占绝大部分,可近似按一种地层计算。取埋深最大处截面计算。查表得:

$$\gamma = 27\text{kN/m}^3, h = 435.76\text{m}$$

$$\lambda = \frac{\mu}{1-\mu} = \frac{0.35}{1-0.35} = 0.54$$

计算围岩压力:

$$p = \gamma h \lambda = 27 \times 435.76 \times 0.54 = 6.35\text{MPa}$$

从上述计算可以看出,规范计算结果远远大于数值模拟的结果,这主要是因为规范公式是根据挡土墙理论推导得到的,未考虑围岩的自承能力,因而该计算方法在实际中是偏于保守的。

5.2.3　竖井结构受力分析

按角度等比划分设置 5 个测点对竖井衬砌的径向位移和结构内力进行监测,如图 5-39 所示。选取 4 个不同断面提取数据进行分析,深度分别为 100m、200m、300m、400m(图 5-17)。针对计算中是否考虑松动圈影响分为两种计算工况进行分析。

竖井井壁所受到的围岩压力大小与井壁周边围岩位移情况息息相关,在衬砌施作之前井壁周边围岩位移释放越大,则作用于井壁之上的围岩压力就越小;反之作用于井壁的围岩压力就越大,并且可能会造成衬砌的位移和变形,带来结构破坏风险。因此,本节针对竖井施工过程中井壁周边围岩位移情况进行研究分析。

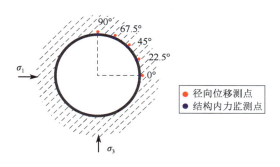

图 5-39 模型地应力及测点布置

为了探究原始围岩从施工到衬砌施作再到竖井稳定后围岩位移和应力释放情况,对竖井施工中的几个关键施工节点发生后围岩位移整体释放情况进行分析,并且对有无松动圈工况围岩位移情况进行对比,探究松动圈对围岩位移和应力释放影响。

1) 井壁围岩特征曲线

采用收敛约束法估算井壁径向荷载时,首先需要明确围岩径向位移 u 与作用于岩体的等效内压力 p 的关系,即围岩特征曲线。围岩径向位移与不同方向岩体内压力的关系如图 5-40 所示。

从图 5-40 中可以看出,损伤区对井筒围岩的特征曲线影响较大。无损伤区的情况下,围岩特征曲线是线性的,表现出完全弹性行为。当考虑损伤区时,根据临界压力 P_{E-P} 可将井筒围岩的特征曲线划分为两个阶段。在第一阶段,井筒围岩内部压力 P 大于临界压力 P_{E-P},且井筒围岩内部压力 P 与地面径向位移 U 呈线性关系。但是,当内部压力 P 小于临界压力 P_{E-P} 时,由于损伤区岩体强度较低,在岩体中形成塑性区,围岩特征曲线表现为非线性变化。

2) 竖井围岩位移情况

由于数值模拟的限制,无法模拟出钻孔、出渣、清底等环节,因此选取施工节点为开挖爆破、围岩弱化、衬砌施作、开挖完成,分别命名为 k_1、k_2、k_3、k_4。以位移释放率即节点施工后侧向位移比上竖井数值模拟后总位移作为分析评价指标。

(1) 竖井围岩整体位移特征

根据数值模拟结果得到竖井开挖过程中的整体侧向位移特征。以井底部分围岩为例,如图 5-41 所示。从图中可以看出,在同一衬砌段高度内,其周边围岩侧向位移大小呈现上大下小的"弧形状态"分布,并且随着竖井的掘进,此种围岩位移分布方式随着衬砌段高而循环出现。正如前文所说出现此种情况的原因是每环衬砌上半段对应的围岩要经历两次无支护的爆破扰动,一次为了上一环衬砌下半段的施作空间,另一次是为了得到本环衬砌下半段的施作空间。

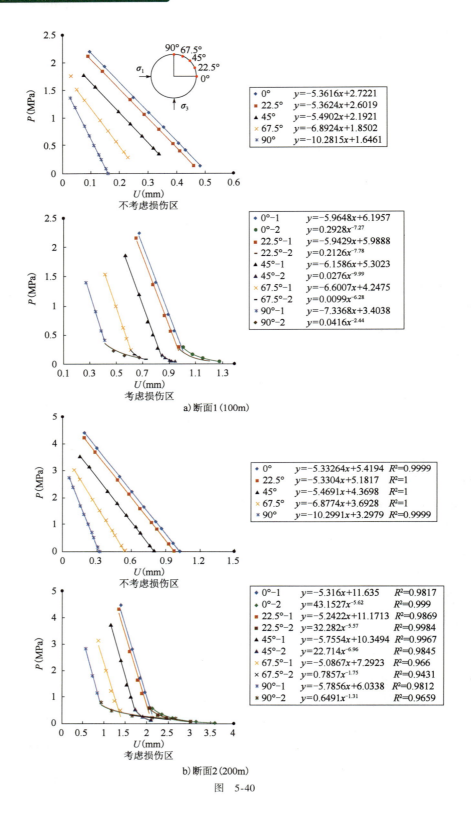

图 5-40

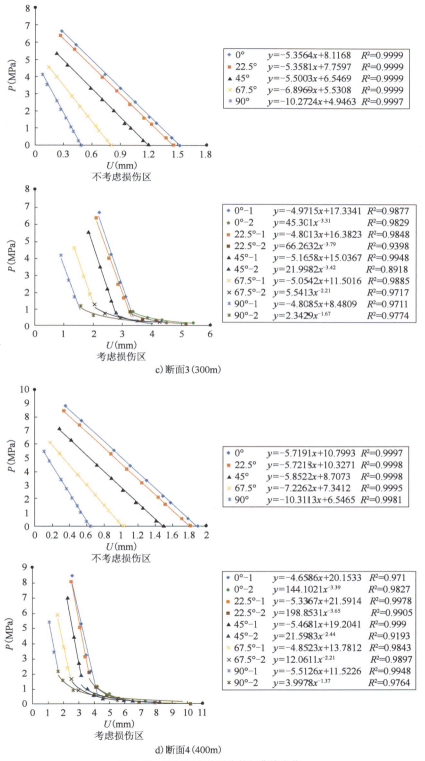

图 5-40 不同深度处围岩特征曲线变化

（2）竖井深度对围岩位移影响

以竖井深度变化为基础，分析在竖井初始开挖后深度变化、在井壁周边围岩及掌子面距离对竖井周边围岩径向位移释放的影响，如图5-42所示。首先在每处断面位置选择单个测点为基础，分析随深度变化的围岩位移释放率变化情况。

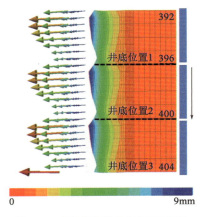
图5-41 竖井整体围岩侧向位移特征

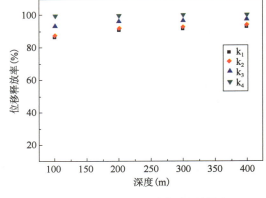
图5-42 竖井深度对围岩位移释放影响

由图5-42可知，以竖井总体角度看，尽管各个点位深度有所不同，但是在初次开挖爆破之后围岩位移释放率均达到了85%以上，并且随着深度的增加初步位移释放率也在不断增加，400m深度时爆破后围岩位移释放率达到了91.19%。推测初步位移释放率有所差别的原因是围岩深度越深，原始围岩地应力越大，在受扰动时释放程度也就越大，同时位移的释放也越来越加集中。400m深度时，从k_1~k_4位移释放差别已经在8%以内。从几个关键施工节点进程来看，可以发现随着施工的进行，位移释放越来越大，在本循环衬砌安装之前位移已经释放绝大部分，仅有3.44%~12.70%的位移释放发生在本循环衬砌安装之后，这也导致直接作用于井壁之上的围岩压力是极为有限的。

同时，图5-42也说明了为什么随着竖井深度的增加作用于竖井井壁的围岩压力变化不大，主要原因是大部分围岩压力在衬砌安装之前已经转化为位移释放。

（3）掌子面距离影响

竖井周边围岩位移释放情况与距掌子面距离关系密切。为探究二者之间的具体关系，在不同深度衬砌分界点附近分别选取4个测点提取井壁处围岩侧向位移，使其在该断面施工时从上至下分别距掌子面3m、2m、1m、0m。在竖井施工期间4处断面围岩位移释放与掌子面关系如图5-43所示。

计算结果表明，与掌子面距离的不同明显导致各个测点侧向位移释放率的不同，可以发现距离掌子面越远，围岩在各个节点中的侧向位移释放率越来越集中。在爆破开挖后围岩会进行位移释放，但是由于竖井掌子面的限制，越是靠近掌子面，位移约束就越大，这也是为什么在竖井掌子面处的测点在开挖后初始围岩侧向位移释放率均在5%以下的主要原因。每次开挖进尺中的上半部分，在爆破后和围岩弱化后位移释放非常接近，主要是因为根据短段掘进混合作业法的施工特点，此处2m范围内围岩位于单次暴露最大为6m范围的围岩中部不受上部衬砌和下方掌子面的约束，位移释放是最快的。

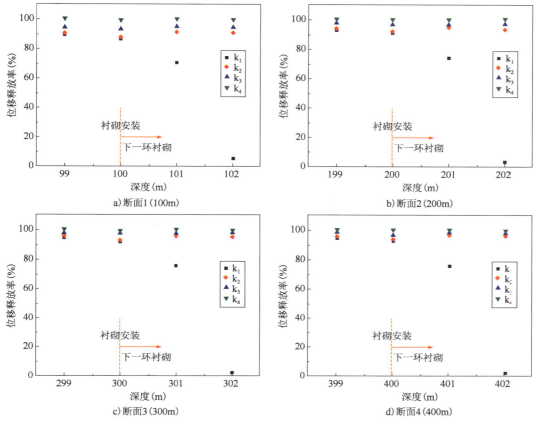

图 5-43 不同施工节点对应的位移释放率

上述结果还表明,在同一开挖进尺内,不同距离处的测点对应的释放率有明显不同。距离临时底部越远的测点,其在各关键节点的释放率越集中;而在临时底面越近的测点,则释放率越分散。同时竖井深度越大,即地应力水平越高,位移释放率的分布越集中。

(4) 有无松动圈位移影响

由前文可知围岩松动圈关乎着围岩应力和位移释放情况,直接影响到作用于井壁围岩压力的大小。因此在数值模拟中设置有无松动圈两种工况以探明围岩松动圈对井壁周边围岩侧向位移的影响。

图 5-44、图 5-45 所示为有无松动圈两种工况下各测点井壁位移情况。由图可以看出,两种工况下各测点井壁位移大小均随着深度的增加而增大。在无松动圈工况下,不同角度测点井壁位移相差较大,角度越小即越靠近最大水平主应力处井壁位移越大,400m 深度处最大主应力方向处最大位移约为 1.9mm;有松动圈情况下,各测点井壁位移变化较为均匀,同一深度断面中各测点井壁位移相差不大,但是各断面中整体井壁位移相较于无松动圈情况要大出很多,最大井壁位移为 9mm。并且根据井壁位移与深度的函数关系可以看出,有松动圈情况下竖井井壁位移随竖井深度增加呈现幂函数变化关系,相比于无松动圈情况下的线性函数,此种变化规律更符合实际情况。由此看出,围岩松动圈存在可以减弱水平地应力的影响,使竖井周边围岩位移变化较为均匀。

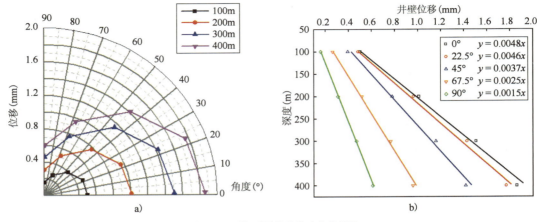

图 5-44 无松动圈情况井壁位移情况

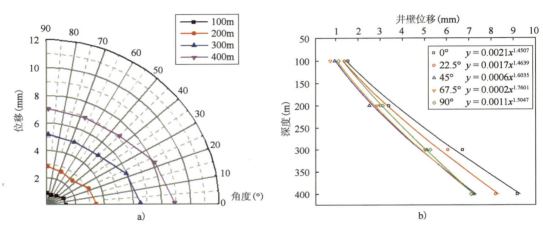

图 5-45 有松动圈情况井壁位移情况

两种工况下围岩侧向位移释放率随施工节点变化情况如图 5-46 所示,由于无松动圈工况无需弱化围岩,因此节点 k_1、k_2 位移释放情况是一致的。在无松动圈工况下,初始开挖后仅有 60% 左右的位移释放,作用于衬砌之上位移均在 15% 以上,这大大增加了衬砌结构的安全风险。

3) 竖井衬砌内力情况

(1) 应力

如前文描述,松动圈主要会影响最后作用于衬砌的应力大小。由爆破扰动形成的松动圈会产生应力释放,理论上最后作用于衬砌之上的应力应小于无松动圈工况。但是由于有限元计算模拟中无法体现应力释放的时间效应影响,因此最后作用于衬砌的应力要大于无松动圈情况。以下便选取衬砌最大主应力进行对比分析。

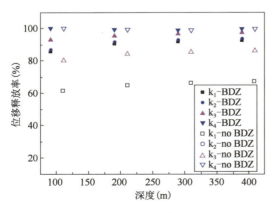

图 5-46 松动圈对围岩位移释放率影响

有、无松动圈两种工况下各断面衬砌应力情况如图 5-47～图 5-50 所示。在不同工况下的各个断面中,最小水平主应力作用位置衬砌应力最小,最大水平主应力位置衬砌应力最大。从图中可以看出,两种工况下衬砌应力大小均随着深度的增加而增大,并且各断面总体规律均是有松动圈情况下衬砌承受应力大小大于无松动圈作用情况。在无松动圈情况下埋深 400m 处衬砌应力最大为 3.25MPa,在有松动圈情况下埋深 400m 处衬砌最大应力为 4MPa,可以看出松动圈作用对衬砌应力大小影响不大,但是在松动圈作用下衬砌周边应力变化梯度有所增加。

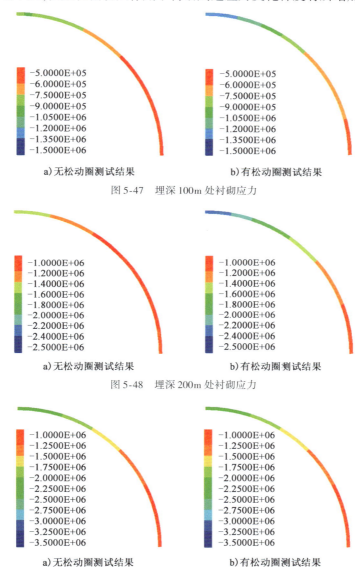

a) 无松动圈测试结果　　　b) 有松动圈测试结果

图 5-47　埋深 100m 处衬砌应力

a) 无松动圈测试结果　　　b) 有松动圈测试结果

图 5-48　埋深 200m 处衬砌应力

a) 无松动圈测试结果　　　b) 有松动圈测试结果

图 5-49　埋深 300m 处衬砌应力

(2) 轴力和弯矩

有无松动圈工况下竖井衬砌各测点处轴力和弯矩大小如图 5-51 所示。不同深度的断面轴力变化规律均是从最大主应力方向向最小主应力方向逐渐增大,并且随着竖井深度的增加逐渐增大。有松动圈工况下,衬砌所受轴力明显大于无松动圈工况,并且随深度增加轴力相差越来越大,尤其是在最大主应力方向上相差最大。在井深100m、200m、300m和400m时,相较于无松动圈情况最大主应力方向处的处轴力分别增加了约30.2%、36.7%、73.0%和102.5%。

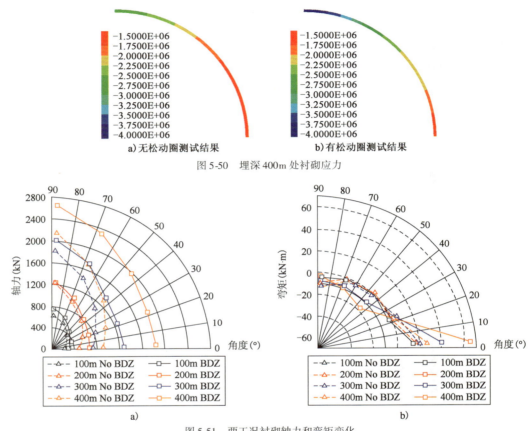

图5-50 埋深400m处衬砌应力

图5-51 两工况衬砌轴力和弯矩变化

从两种工况下衬砌弯矩变化来看,与衬砌轴力变化不同的是,衬砌所受到的弯矩是从最大主应力位置向最小主应力方向逐渐减小,并且无松动圈衬砌弯矩由小于有松动圈弯矩逐渐转变为大于有松动圈衬砌弯矩。随着深度的增加,最大主应力方向衬砌弯矩由受压转变为受拉。

5.2.4 竖井现场监测

1) 监测断面布置

在米仓山竖井施工过程中,采用光栅光纤传感器对竖井井筒受力进行监测。根据竖井工程特点,每50m布置一个断面,在围岩界面适当调整,共8个断面,以实现不同深度、不同级别围岩段的测试,如图5-52所示。

2) 监测结果分析

米仓山竖井实际监测数据读取均是在竖井施作完毕后进行,各断面衬砌承受围岩压力变化如图5-53所示。根据米仓山竖井实际监测结果来看,竖井衬砌整体受力不大。初始时,各断面监测仪器应均处于受压状态,但随着时间的推移混凝土强度不断增加,其内水分不断减少,混凝土出现干缩现象,导致后期监测仪器出现受拉状态(图5-54)。由图5-53可知,各测试断面测得围岩压力随深度变化情况并不明显。其中,米仓山竖井测得最大受压围岩压力为-73.98kPa,远小于竖井混凝土衬砌的强度。

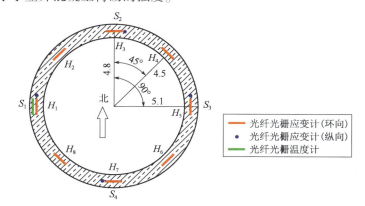

图5-52 米仓山监测仪器布置示意图(尺寸单位:m)

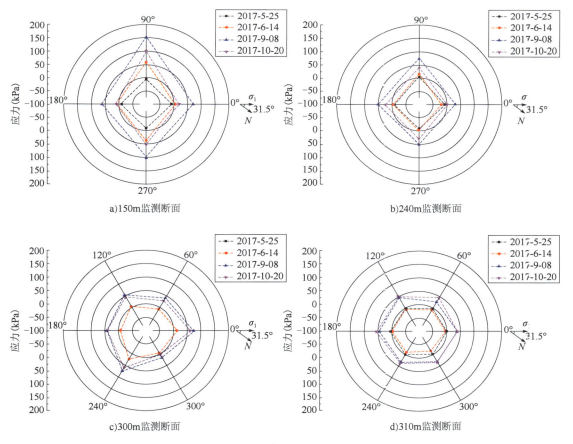

图 5-53

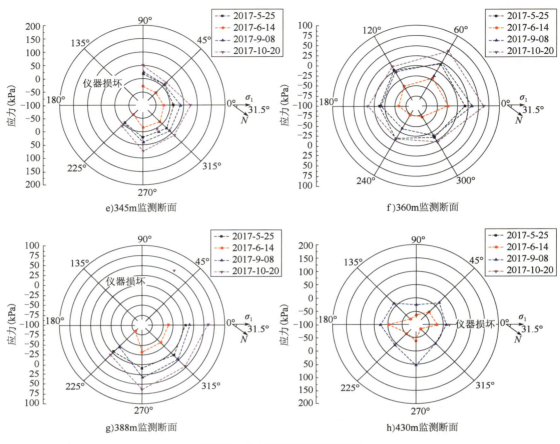

图 5-53 米仓山竖井实际监测断面

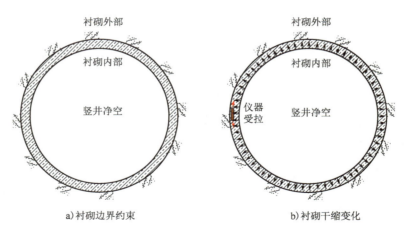

图 5-54 竖井衬砌边界约束及干缩变化

第 6 章
竖井通风联络道设计与优化

6.1 联络道初始设计方案及问题

通风竖井联络道长907.24m,共包含11个交叉口、2个人行通道、1个运输通道、2个排风联络道、2个送风联络道及1个地下风机房。前期地质勘察报告显示,隧道洞身范围内围岩为石英闪长岩,较完整~完整,呈巨块石状镶嵌结构或块状整体结构,局部具高地应力。隧道开挖围岩成洞性较好,稳定性一般,无支护时局部可能有发生中等岩爆的条件。地下水不发育,开挖时主要以点滴状、浸润状产出。目前联络风道支护采用 $\phi 22$ 药卷锚杆,锚杆长250cm, $\phi 6.5$ 钢筋网,规格为25cm×25cm,并采用C20喷射混凝土,喷层厚度10cm,二次衬砌采用C25(钢筋)混凝土模筑衬砌,设计厚度35cm。

竖井二合一设计方案变更后,米仓山隧道通风系统由4个区段组成。第一和第四区段靠近隧道出口,采用斜井通风,二、三区段位于隧道中间位置,采用竖井辅助通风。设计研究中主要针对联络风道衬砌结构受力及通风进行计算分析,计算区域平面结构如图6-1所示。

原设计中各截面衬砌结构由初期支护和二次衬砌组成,初期支护采用C20喷射混凝土,二次衬砌采用C25钢筋混凝土模筑衬砌。根据截面大小的不同,初期支护和二次衬砌厚度各不相同。主洞隧道初期支护厚度:主隧道衬砌初期支护设计厚度为15cm,二次衬砌厚度为35cm;连接主洞与风道的变截面初期支护厚度12cm,二次衬砌厚度40cm;连接风道初期支护厚度10cm,二次衬砌厚度35cm;风机房初期支护厚度15cm,二次衬砌厚度60cm,截面越大,二次衬砌厚度越大。

围岩级别达到Ⅰ级和Ⅱ级,围岩级别较高,工程性质较好;联络风道截面较小,开挖面积在19~40m²,竖井联络道截面变化较大,且存在很多上下坡,二次衬砌作业时无相应模板台车,施工面临较大难度,因竖井段围岩较好,拟取消二次衬砌。

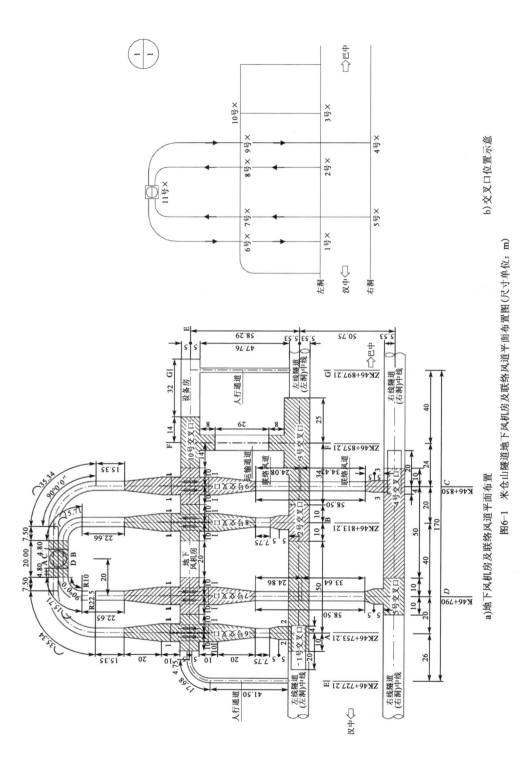

图6-1 米仓山隧道地下风机房及联络风道平面布置图（尺寸单位：m）

a）地下风机房及联络风道平面布置

b）交叉口位置示意

6.2 联络道设计方案优化及可行性分析

施工方根据现状设计情况,并结合竖井施工揭示的围岩实际情况,提出了两个优化方案。

优化方案一:取消联络风道二次衬砌方案。

现状设计地下联络风道与地下风机房连接处采用变截面进行施工和支护,单边变截面区段长度为20m,在竖向平面内,联络风道线形包含多个小半径竖曲线,上下坡度较大。由于采用变截面以及风道坡度问题,开挖施工和二次衬砌施作都比较困难,需要单独制作模板台车。现场施工根据竖井开挖揭示围岩情况(Ⅱ~Ⅲ级)好于风道设计时Ⅳ级情况,提出了联络风道取消二次衬砌,并采用锚喷支护作为永久支护的方案。

优化方案二:联络风道全部采用大断面进行施工的方案。

考虑到按照现状的设计方案,施工面临的主要是变截面模板制作、架设困难的问题。因此,提出联络风道全程采用联络风道与地下风机房连接处采用大断面进行通风的设计方案。该方案的优点是采取统一的大断面形式,施工中放线简单,可以使用一套模板,二次衬砌浇筑容易;缺点是开挖量大,施工工期长。

现状设计方案与优化方案一、优化方案二的对比见表6-1。

三种设计方案对比表　　　　表6-1

对比项目	现状设计方案	优化方案一	优化方案二
工期	一般	好	差
经济性	一般	好	差
施工难易程度	差	好	差
施工安全性	好	一般	好
运营安全性	好	一般	好

从表6-1可以看出,优化方案一,即变截面联络风道施工采用取消二次衬砌方案,从节省工期、经济性、施工难易程度和施工安全性来说都是最优的,但取消二次衬砌后,联络风道运营安全要低于其余两种方案。从前面的分析可以看出,隧址区域竖井开挖揭示围岩情况要远好于隧道设计时围岩情况。因而,采用取消二次衬砌的方案进行施工也是可行的,但需要针对二次衬砌取消前后衬砌受力进行计算分析,判断取消二次衬砌后单层衬砌是否满足现场安全性要求。

6.3 单层联络道支护稳定性计算

本次计算针对变截面风道二次衬砌取消后衬砌结构受力情况进行。首先采用岩土工程有限元分析软件 Midas GTS 建立三维模型,整体分析各隧道开挖过程中应力的变化情况,以及衬砌结构受力情况。然后选择断面较大的位置,采用二维计算分析施工过程中隧道局部受力的变化以及受力状态,精确评价取消二次衬砌的合理性。

6.3.1 模型建立

根据设计文件中所给出的三维视图、断面形状尺寸,以及相关设计参数,建立数值模型如

图6-2a)、b)所示。模型中考虑了各隧道的相对空间位置关系以及尺寸等。

模型边界采用自动边界,施加竖向重力加速度为 9.81m/s²。限于计算机功能,且就本计算域而言,模型本身网格体量较大。本次数值计算隧道拱顶覆土厚度约为 100m,实际隧道埋深大约为 450m,为实现初始地应力的相似模拟,在隧顶表面施加表面压力,压力大小按厚 350m 覆土自重计,约为 8400kPa,如图 6-2c)所示。

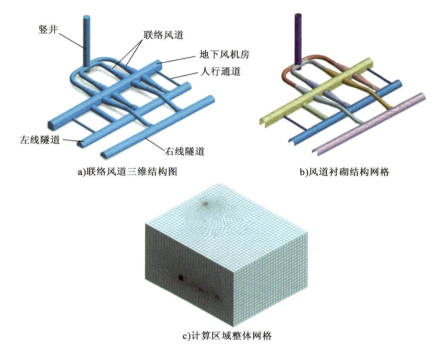

图6-2 联络风道计算三维数值模型

根据竖井施工情况看,隧址区域范围内围岩主要以石英闪长岩夹花岗岩、闪长岩等透镜体为主,围岩完整性好,强度高,呈巨块石状镶嵌结构或块状整体结构,如图 6-3 所示。

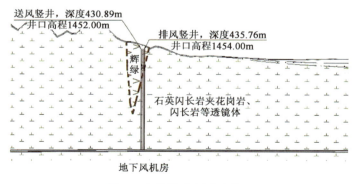

图6-3 竖井附近围岩分布情况

由于竖井开挖过程中发现围岩完整性好,隧道开挖后围岩具有较好的自稳性,围岩级别基本达到二级及以上。从安全角度考虑,本次计算将围岩级别降至三级。隧道采用一次性挖通进行模拟,这样计算易造成围岩位移小,衬砌受力大,对于计算衬砌结构承载能力是偏安全的。根据《公路隧道设计规范 第一册 土建工程》(JTG 3370.1—2018),获得Ⅰ级到Ⅴ级围岩的物理力学参数见表6-2。

各级围岩物理力学指标标准值　　　　表6-2

围岩级别	重度 (kN/m³)	弹性抗力系数 (kPa)	变形模量 (GPa)	泊松比	内摩擦角 (°)	黏聚力 (MPa)
Ⅰ	26~28	1800~2800	>33	<0.2	>60	>2.1
Ⅱ	25~27	1200~1800	20~33	0.2~0.25	50~60	1.5~2.1
Ⅲ	23~25	500~1200	6~20	0.25~0.3	39~50	0.7~1.5
Ⅳ	20~23	200~500	1.3~6	0.3~0.35	27~39	0.2~0.7
Ⅴ	17~20	100~200	1~2	0.35~0.45	20~27	0.05~0.2

6.3.2 结果分析

从初始应力计算结果可知,自重作用下,围岩竖向应力最大约为8MPa,水平应力最大为5.6MPa,满足侧压力系数0.7的设定,在该条件下进行隧道开挖,施工顺序依次为主隧道、车行通道、地下风机房、联络风道、竖井、人行通道,如图6-4所示。

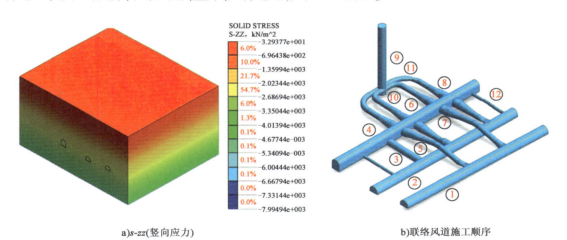

a) s-zz(竖向应力)　　　　b)联络风道施工顺序

图6-4　联络风道初始应力及施工顺序
①~⑫-施工顺序编号

隧道1开挖支护后围岩位移变化情况如图6-5所示。

从图6-5可以看出,由于围岩级别较好(Ⅲ级),隧道开挖引起围岩变形较小,只有几毫米。且由于开挖断面不大,支护结构设计的较强大,在施作衬砌后,围岩变形稍有增加,但拱顶最大沉降只有4.83mm,仰拱最大隆起量仅为5.09mm,因此,在Ⅲ级围岩条件下进行隧道施工,仅从沉降控制看,是比较安全的。

图6-6显示了隧道1衬砌结构在隧道开挖完成后所处应力状态,图6-7显示了隧道1开挖支护后衬砌结构的内力情况。

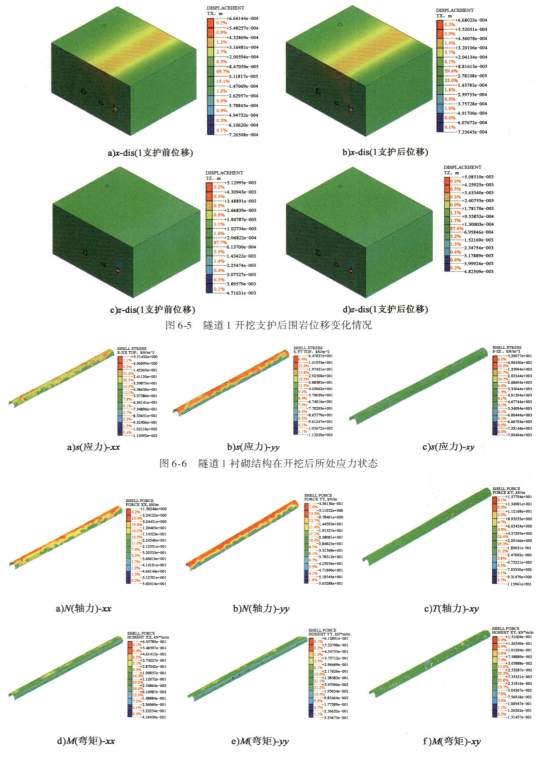

图 6-5 隧道 1 开挖支护后围岩位移变化情况

图 6-6 隧道 1 衬砌结构在开挖后所处应力状态

图 6-7 隧道 1 衬砌结构在开挖后所受内力

在进行隧道开挖支护时,施工过程中取消了二次衬砌支护,通过增加初期支护强度从而达到现场支护安全要求,具体说来是将初期支护和二次衬砌合二为一,通过增加初期支护厚度来模拟初期支护与二次衬砌共同的支护效果,对于简化后的衬砌刚度的计算采用加权平均的方法。从上述计算可以看出,隧道1开挖后,衬砌结构单位长度上所承受的轴力约为56.5kN,单位长度上衬砌所承受的弯矩约为0.41kN·m。计算得到作用在衬砌横截面的压力约为80kPa,远小于混凝土的单轴抗压强度;偏心距约为0.00726m,远小于衬砌厚度0.6m,因此,从衬砌承载能力考虑,现行设计能够很好地满足施工要求,并具有较高的安全储备。从这个角度说,变截面风道取消二次衬砌的施工方案是相对安全的。

图6-8所示为隧道1开挖支护后衬砌结构的变形情况。

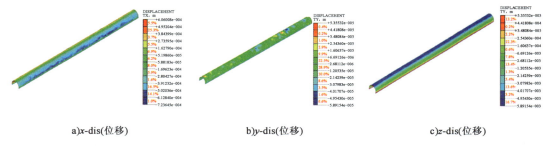

a) x-dis(位移)　　　　b) y-dis(位移)　　　　c) z-dis(位移)

图6-8　隧道1开挖支护后衬砌结构三维变形

从图6-8可以看出,开挖支护后,隧道1衬砌结构的变形表现为拱顶沉降和边墙收敛。由于衬砌施作时机合理,衬砌结构刚度较大,支护结构并未发生太大变形。最大变形位于拱顶,为4.83mm,墙角处有一定隆起变形,最大隆起量为1.07mm。总体说来,现行支护结构设计完全能够满足施工要求。

以上分析为以隧道1为例进行隧道开挖支护过程中围岩应力、支护结构受力的分析,旨在阐明本项研究的分析思路。由于项目研究的目的是分析通风系统取消二次衬砌的可行性,故后面的分析以重要建(构)筑物的分析为主,相似结构或断面较小的断面不再赘述。

6.3.3　变截面联络风道开挖支护施工分析

本项分析中变截面联络风道共计有4条,如图6-9所示。本次计算以联络风道1的开挖支护为例进行计算说明。联络风道2、3、4的施工与之类似,后面仅以联络风道4开挖支护后整体情况为例进行说明。联络风道的开挖以地下风机房为中线,同时向两边开挖,一次开挖联络风道1的三个部分(不同颜色网格组)。

联络风道1开挖后,围岩位移的变化情况如图6-10所示。

从图6-10可以看出,开挖至地下风机房时,围岩变形较之前有明显增大,竖向拱顶沉降达到6.15mm,仰拱隆起达到6.49mm。施作支护结构

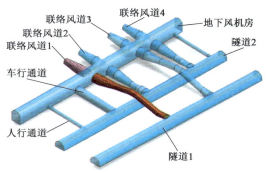

图6-9　联络风道1位置以及与其他结构物相对位置关系

后,围岩变形略有增加,拱顶沉降增加至6.18mm,仰拱隆起为6.48mm。施作衬砌结构后,围岩位移得到了有效控制。

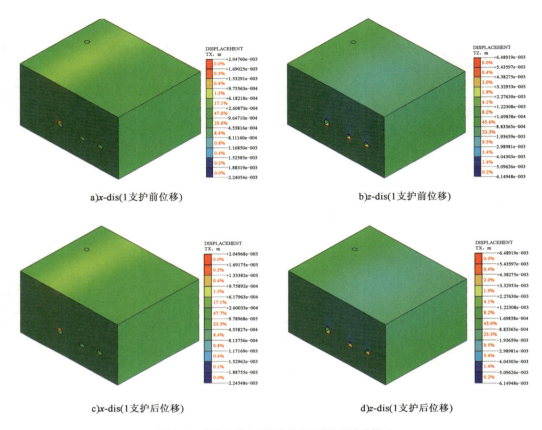

图6-10 联络风道1开挖支护后围岩位移变化情况

图6-11所示为联络风道1衬砌结构在隧道开挖完成后所处应力状态,图6-12所示为联络风道1开挖支护后衬砌结构的内力情况。

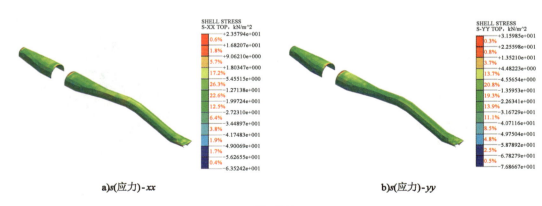

图 6-11

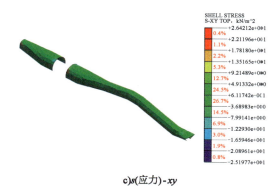

c) S(应力)-xy

图 6-11 联络风道 1 衬砌结构在开挖后所处应力状态

从图 6-11、图 6-12 中可以看出，变截面联络风道开挖施工后，作用在衬砌结构上的内力较小。内力较大的部位位于两端与主隧道和地下风机房相交界的位置。从内力数值看，靠近地下风机房的截面承受弯矩最大，位于拱顶，量值为 $0.30\mathrm{kN\cdot m/m}$，轴力为 $5.25\mathrm{kN/m}$，计算偏心距为 $0.0571\mathrm{m}$。从偏心情况看，偏心距小于初期支护厚度 $12\mathrm{cm}$，可考虑取消二次衬砌。但由于实际施工过程中连接处一直是施工质量不易控制的位置，实际施工可考虑取消二次衬砌，但必须加强初期支护，加强监测，确保施工安全。对于小截面风道，从图 6-12 中可看出，承受的最大弯矩为 $0.15\mathrm{kN\cdot m/m}$，轴力为 $2.84\mathrm{kN/m}$，计算得到的偏心距为 $0.053\mathrm{m}$。按设计该截面初期支护厚度为 $10\mathrm{cm}$，偏心距与 $b/2$ 比较接近，故从安全角度考虑，可考虑取消二次衬砌，但必须增加初期支护厚度。同时，实际工程在施工时应考虑采取一定的辅助施工措施对结构物相交界的位置进行加强，同时优化截面，减小喇叭口的长度。

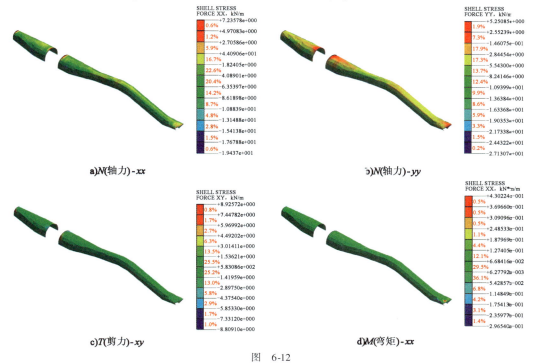

a) N(轴力)-xx b) N(轴力)-yy

c) T(剪力)-xy d) M(弯矩)-xx

图 6-12

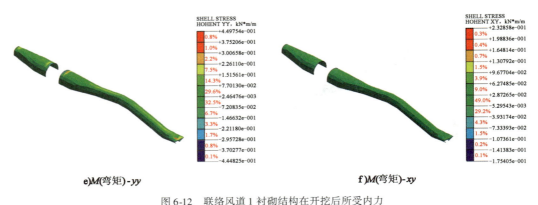

图 6-12 联络风道 1 衬砌结构在开挖后所受内力

图 6-13 所示为联络风道 1 开挖支护后衬砌结构的变形情况。

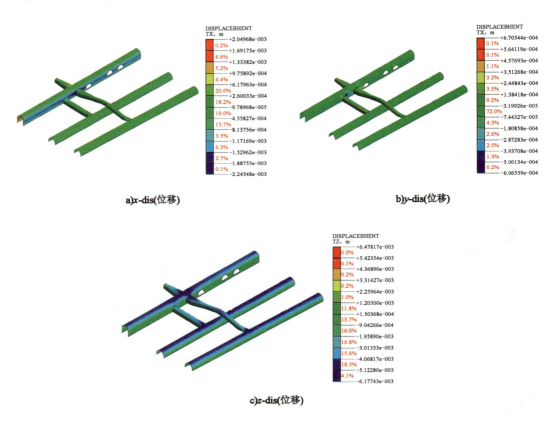

图 6-13 联络风道 1 开挖支护后衬砌结构三维变形

从图 6-13 中可以看出,联络风道 1 开挖后,与地下风机房的交接处位移变形较大,意味着联络风道施工过程中,对风机房存在较大扰动,同时由于该部分位置缺少支护结构支撑,整体性较差,变形较大,应力集中较为严重。实际施工时,考虑柱支撑,设置变形缝等构造措施对这些部位进行专项设计。同时评估爆破振动、车辆荷载等对结构物变形和稳定性的影响。

其余各联络风道依次开挖对围岩及周围建构筑物的影响限于篇幅不再赘述。这里仅给出所有变截面风道施工完成后，衬砌内部应力和衬砌承受内力的情况，如图6-14、图6-15所示。

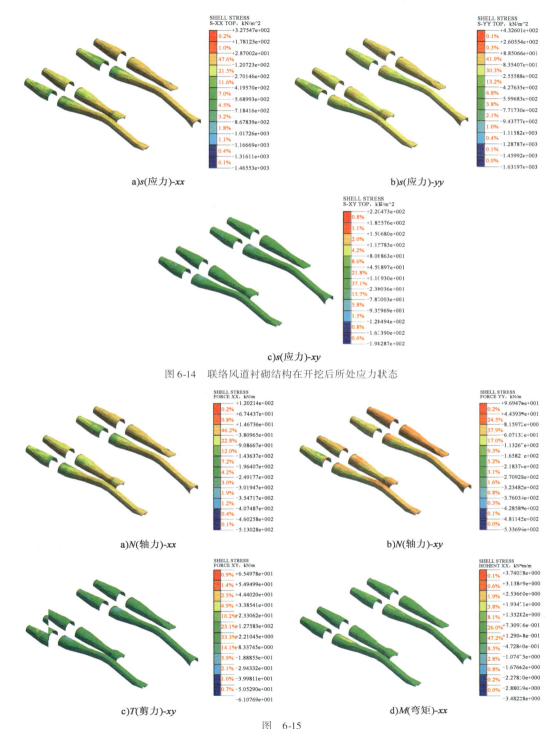

图 6-14 联络风道衬砌结构在开挖后所处应力状态

图 6-15

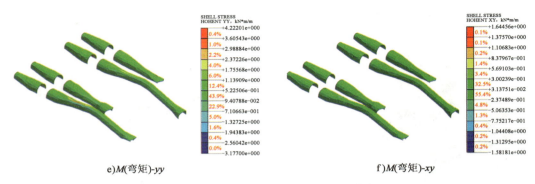

e) M(弯矩)-yy f) M(弯矩)-xy

图 6-15　联络风道衬砌结构在开挖后所受内力

从图 6-14、图 6-15 中可以看出，由于联络风道断面较小，彼此间距较大，联络风道施工过程中相互影响并不是很大。联络风道 1 分析结果适用于所有联络风道。

图 6-16 所示为联络风道开挖支护后衬砌结构的变形情况。

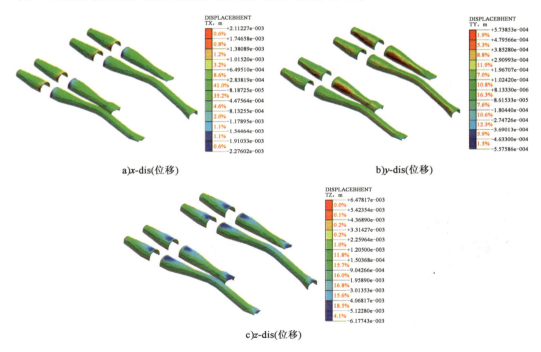

a) x-dis(位移)   b) y-dis(位移)

c) z-dis(位移)

图 6-16　联络风道开挖支护后衬砌结构三维变形

图 6-16 反映出的问题依旧是风道与风机房连接的部分，存在较大的变形，应力集中明显，应重点关注。此外，风道 2、3 在施工过程中在较大断面边墙位置出现了较为明显的变形，如取消二次衬砌，可适当增加边墙区域的初期支护厚度，以增加其刚度。竖向变形较大的区域依旧是连接处拱顶位置，与地下风机房相连的大断面风道。这部分可考虑施作二次衬砌；喇叭口如取消二次衬砌，应适当增加厚度。对于小截面风道，单从变形看，变形较小，受力较小，但坡度较大；施工中如不方便，可取消二次衬砌，适当增加初期支护厚度，具体增加多少需另行计算确定。

联络风道施工完成后,围岩整体变形如图 6-17 所示。

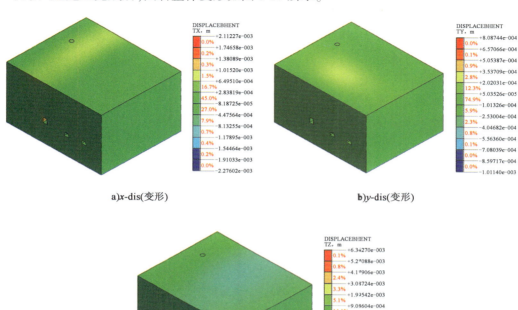

图 6-17　联络风道开挖支护后围岩三维变形

从图 6-17 可以看出,Ⅲ级围岩条件下施工联络风道开挖支护后,地层和支护结构整体变形均较小,只有几毫米。如采取优化方案一,即取消二次衬砌施工方案,施工过程中应加强洞周收敛量测,通过现场反馈数据进行初期支护厚度的合理设定。

6.4　单层联络道支护通风阻力分析

由于竖井联络风道截面变化较大,且存在很多上下坡(图 6-18),二次衬砌作业时无相应模板台车,面临较大难度,因竖井段围岩较好,拟取消二次衬砌。本节将从通风风阻的角度对取消二次衬砌的可行性进行讨论。

联络风道风阻由两部分组成,一部分是由空气与风道壁面的摩擦产生,另一部分是联络风道截面形状变化产生。参考《公路隧道设计规范　第二册　交通工程与附属设施》(JTG/T D70/2—2014),联络风道的压力损失可按式(6-1)计算。

$$\Delta p_\mathrm{d} = \sum_{i=1}^{m} \zeta_i \cdot \frac{\rho}{2} \cdot v_i^2 + \sum_{i=1}^{n} \lambda_i \cdot \frac{L_i}{D_i} \cdot \frac{\rho}{2} \cdot v_i^2 \tag{6-1}$$

式中：Δp_d——联络风道压力损失($\mathrm{N/m^2}$)；
　　ζ_i——第 i 段形状损失系数；
　　λ_i——第 i 段沿程摩阻损失系数；
　　v_i——第 i 段的风速($\mathrm{m/s}$)；
　　L_i——第 i 段的长度(m)；
　　D_i——第 i 段的当量直径(m)；
　　m——联络风道形状变化个数。

其中，沿程摩阻损失系数 λ 与壁面粗糙度有关，粗糙度越大，摩阻损失系数越大。

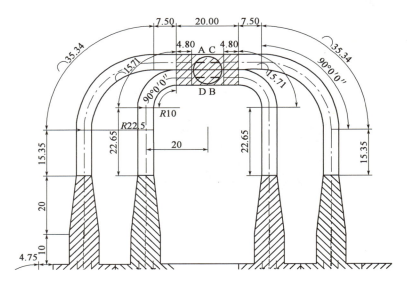

图 6-18　联络风道平面布置(尺寸单位：m)

为对比联络风道有无二次衬砌对风阻的影响，建立三维模型进行数值模拟。模型根据联络风道设计尺寸建立，对以下三种工况进行研究。

工况①：有二次衬砌。

工况②：只有初期支护，且壁面未经处理。

工况③：只有初期支护，衬砌壁面经过平整处理。

在工况③的基础上改变联络风道壁面粗糙度，讨论粗糙度改变对风道风阻的影响，粗糙度取 0~20mm。

6.4.1　模型建立及网格划分

取右线送风通道风机与隧道间变截面段为研究对象，如图 6-19 所示，模型水平跨度为 30m，包括变截面段 20m 以及前后各 5m。其中风机房与联络风道交叉口(有二次衬砌)内轮廓与联络风道(有二次衬砌)内轮廓如图 6-20 所示。建立三维模型并划分网格如图 6-21 所示。

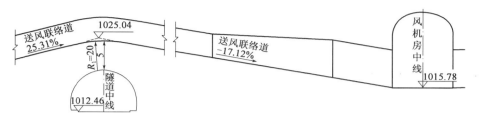

图 6-19　右线送风联络道纵断面图(高程单位 m)

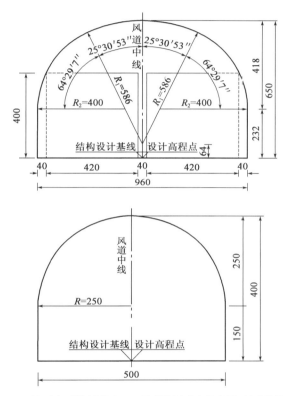

图 6-20　风机房与联络风道交叉口及联络风道内轮廓图(尺寸单位:cm)

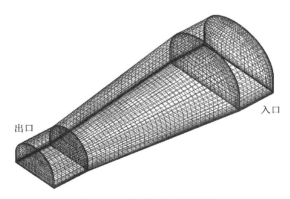

图 6-21　三维模型及网格划分

入口采用风速入口(Velocity-Inlet)，按照隧道内 3m/s 风速计算通风量，其值为 260m³/s，入口风速按通风量和入口截面积计算。出口采用压力出口(Pressure-Outlet)，出口压力设为一个标准大气压(101235Pa)。壁面采用固壁边界(Wall)，其中有二次衬砌及只有初期支护但有平整处理的情况粗糙度设为 0.36mm，壁面没有处理的情况粗糙度设置为 10mm。

6.4.2 计算结果

三种工况下风道中心面压力分布如图 6-22 所示。由压力分布图可以看出，压力从入口到出口逐渐减小，气流在通过风道时，产生了压力损失。风道风阻越小，压力损失就越小；反之，风阻越大，压力损失也越大。在要保证通风量的情况下，压力损失越大就意味着需要更大功率的风机，也就是更多的能耗。

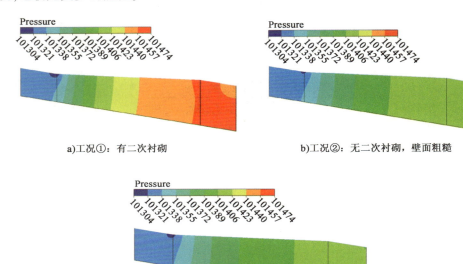

图 6-22　风道中心面压力云图(压力单位:Pa)

在通风量相同的情况下，工况①压力变化最明显，工况③压力变化最小，具体变化数值见表 6-3。有二次衬砌的情况下(工况①)，压力损失最大，为 135Pa，主要是因为截面积较没有二次衬砌的情况下小，水力半径小，因此风阻较大。对比工况②、③可知，风道壁面的粗糙程度对风阻也有很大影响，因此对壁面进行平整化的处理也十分必要。

出入口平均压力和风速　　表 6-3

工况	①	②	③
入口平均压力(Pa)	101460	101420	101412
出口平均压力(Pa)	101325	101235	101235
压力损失(Pa)	135	93	87
入口平均风速(m/s)	4.80	4.27	4.27
出口平均风速(m/s)	15.24	12.40	12.40

图 6-23 所示为风道中心面风速分布云图,出入口平均压力和风速具体数值见表 6-3。其中工况①出入口风速最大,这是因为截面积较小,在相同通风量的情况下风流速度就会越大,风流速度大会导致与风道壁面的摩擦阻力增加,这也是压力损矢较大的另一个原因。

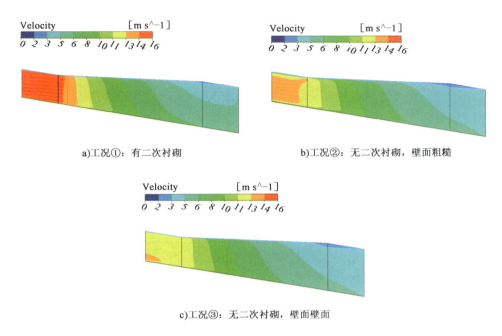

a)工况①:有二次衬砌　　b)工况②:无二次衬砌,壁面粗糙

c)工况③:无二次衬砌,壁面壁面

图 6-23　风道中心面风速分布云图

联络风道不同粗糙度压力损失情况见表 6-4。将表 6-4 中数据绘制成曲线图(图 6-24),可以清楚地反映出压力损失随粗糙度变化的趋势:壁面粗糙度越大,压力损失也越大。粗糙度较小时,曲线较为陡峭,改变粗糙度对压力损失的影响更加明显;粗糙度较大时,曲线较为平滑,改变粗糙度对压力损失的影响较小。

不同粗糙度的压力损失　　　　表 6-4

粗糙度(mm)	0	1	2	4	6	8	10	15	20
压力损失(Pa)	87	89	90	91	92	93	93	94	95

根据本次计算结果,可以对整条联络风道的风阻情况进行预估,估算结果见表 6-5。从表 6-5 可以看出,在设置衬砌的情况下(工况①),左线联络风道压力损失为 585Pa,右线联络风道压力损失为 837Pa,取消二次衬砌且不对风道壁面进行处理的情况下(工况②),左右线联络风道压力损失分别减少 179Pa、260Pa,减少了约 30% 的压力损失。取消二次衬砌并对风道壁面进行了处理的情况下(工况③),左右线联络风道的压力损失分别减少 208Pa、298Pa,减少约 35% 的压力损失,其中风道壁面处理能减少约 5% 的压力损失。

减少了压力损失也就减少了所需通风的功率。其优点:一是可以减少建设成本,使用较小功率的风机;二是可以节约运营成本,减少通风的能源消耗。

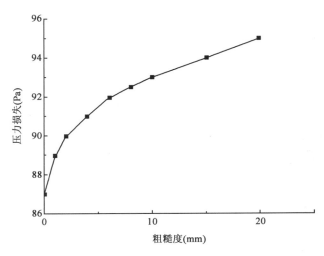

图 6-24 压力损失随粗糙度变化曲线

联络风道压力损失及所需功率估算　　　　　　表 6-5

项　目	工　况	左线联络风道(131m)	右线联络风道(186m)	计算段(30m)
压力损失(Pa)	①	585	837	135
	②	406	577	93
	③	377	539	87
压力损失变化(Pa)（以工况①为基准）	①	0	0	0
	②	−179	−260	−42
	③	−208	−298	−48
功率(kW/h)	①	152.19	217.75	35.12
	②	105.62	150.11	24.19
	③	98.08	140.23	22.63
功率变化(kW/h)（以工况①为基准）	①	0	0	0
	②	−46.57	−67.64	−10.93
	③	−54.11	−77.52	−12.49

6.4.3　送风联络道数值模拟

为了进一步探明联络风道内流场、通风阻力以及有无二次衬砌的影响，分别建立左右线送风联络道设置二次衬砌以及不设二次衬砌的三维模型，对联络风道进行通风的数值模拟。图 6-25 为右线送风联络道竖井到风机房段的三维模型，图 6-26 为右线送风联络道风机房到隧道段的三维模型，图 6-27 为左线送风联络道竖井到风机房段的三维模型，图 6-28 为左线送风联络道风机房到隧道段的三维模型及网格划分。不设置二次衬砌的建模及网格划分与此类似。

第6章 竖井通风联络道设计与优化

 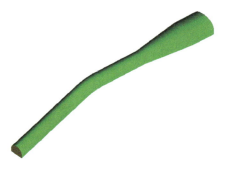

图 6-25　右线送风通道竖井到风机房段　　　　图 6-26　右线送风通道风机房到隧道段

图 6-27　左线送风通道竖井到风机房段　　　　图 6-28　左线送风通道风机房到隧道段

（1）右线送风通道竖井到风机房段通风计算结果

图 6-29 ~ 图 6-32 所示为距离联络风道底部 1.5m 高度处曲面的风速与压力分布。处该段处于右线送风联络风道竖井到风机房段，空气流动方向为竖井到风机房。该段入口处压力较小，出口处压力较大，整段压力损失设置二次衬砌时为 74Pa，不设二次衬砌时为 43Pa。风速分布规律与压力分布规律相反，入口处由于截面积较小使得风速较大，而出口风速较小。在联络风道与风机房的 9 号交叉口附近有一个渐扩段，此段流速降低，压力变化不大。由于空气运动的惯性，使得弯道处内侧压力较小，外侧的压力较大。

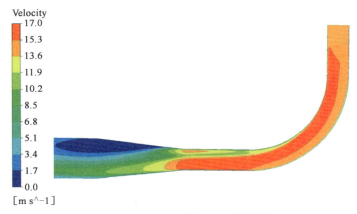

图 6-29　有二次衬砌情况下风速分布图

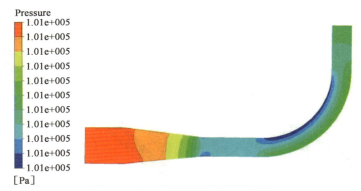

图 6-30　有二次衬砌情况下压力分布图

图 6-31　无二次衬砌情况下风速分布图

图 6-32　无二次衬砌情况下压力分布图

（2）右线送风通道风机房到隧道段通风计算结果如下：

图 6-33～图 6-36 所示为联络风道中心面的风速与压力分布云图。该段处于右线送风联络风道风机房到隧道送风口段，空气流动方向为风机房到隧道。该段入口处压力较大，出口处压力较小，整段压力损失设置二次衬砌时为 164Pa，不设二次衬砌时为 127Pa。风速分布规律与压力分布规律相同，入口处由于截面积较大使得风速较小，而出口风速较大。在联络风道与风机房的 9 号交叉口附近有一个渐缩段，此段流速增加，压力急剧减小，大部分压力损失来源于此。由于空气运动的惯性，使得弯道处内侧压力较小，外侧的压力较大。

图 6-33　有二次衬砌情况下风速分布图

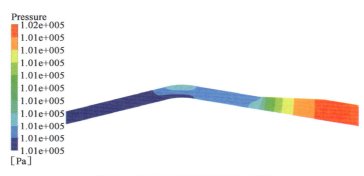

图 6-34　有二次衬砌情况下压力分布图

图 6-35　无二次衬砌情况下风速分布图

图 6-36　无二次衬砌情况下压力分布图

(3)左线送风通道竖井到风机房段通风计算结果如下：

图6-37～图6-40所示为距离联络风道底部1.5m高度处曲面的风速与压力分布。处该段处于左线送风联络风道竖井到风机房段，空气流动方向为竖井到风机房。该段入口处压力较小，出口处压力较大，整段压力损失设置二次衬砌时为39Pa，不设二次衬砌时为21Pa。风速分布规律与压力分布规律相反，入口处由于截面积较小使得风速较大，而出口风速较小。在联络风道与风机房的8号交叉口附近有一个渐扩段，此段流速降低，压力变化不大。由于空气运动的惯性，使得弯道处内侧压力较小，外侧的压力较大。

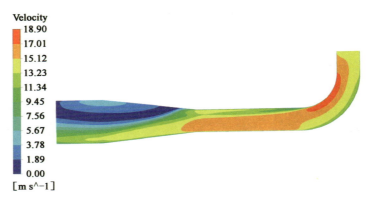

图6-37　有二次衬砌情况下风速分布图

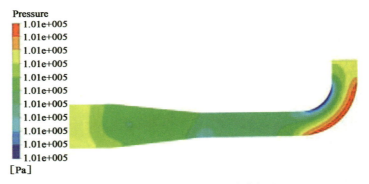

图6-38　有二次衬砌情况下压力分布图

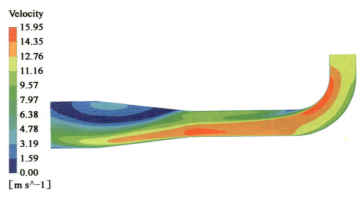

图6-39　无二次衬砌情况下风速分布图

图6-40　无二次衬砌情况下压力分布图

(4) 左线送风通道风机房到隧道段通风计算结果如下：

图6-41～图6-44所示为联络风道中心面的风速与压力分布云图。该段处于左线送风联络风道风机房到隧道送风口段，空气流动方向为风机房到隧道。该段入口处压力较大，出口处压力较小，整段压力损失设置二次衬砌时为133Pa，不设二次衬砌时为93Pa。风速分布规律与压力分布规律相同，入口处由于截面积较大使得风速较小，而出口风速较大。在联络风道与风机房的8号交叉口附近有一个渐缩段，此段流速增加，压力急剧减小，大部分压力损失来源于此。由于空气运动的惯性，使得弯道处内侧压力较小，外侧的压力较大。

图6-41　有二次衬砌情况下风速分布图

图6-42　有二次衬砌情况下压力分布图

图 6-43 无二次衬砌情况下风速分布图

图 6-44 无二次衬砌情况下压力分布图

各段压力损失见表 6-6。

送风联络风道压力损失情况　　　　　　表 6-6

风道分段	压力损失（Pa）	
	有二次衬砌	无二次衬砌
右线送风通道到竖井风机房段	74	43
右线送风通道风机房到隧道段	164	127
左线送风通道到竖井风机房段	39	21
左线送风通道风机房到隧道段	133	93
总压力损失	410	284

6.4.4 单层联络道支护通风分析

数值模拟结果表明：

（1）取消联络风道二次衬砌会增大风道横截面积，减小风速，有助于减少通风摩擦阻力，减少压力损失，使通风所需功率减少约 30%。

（2）风道壁面有必要进行平整处理，以进一步减少摩擦阻力，进行平整处理后进一步减少压力损失越 5%。

（3）通风压力损失随风道壁面粗糙度增大而增大。粗糙度较小时，曲线较为陡峭，改变粗糙度对压力损失的影响更加明显；粗糙度较大时，曲线较为平滑，改变粗糙度对压力损失的影响较小。

（4）根据对送风联络风道的数值模拟表明，整个送风联络风道在有二次衬砌的情况下总压力损失为410Pa，取消二次衬砌只施作初期支护后总压力损失减少到280Pa。在渐扩段压力损失远小于渐缩段压力损失，通道内有渐缩段时压力损失主要来源于渐缩段。

因此，取消二次衬砌更有利于联络道内部通风。

第 7 章
竖井施工过程管理及风险控制

竖井与其他地下工程一样,在施工中面临着各种各样的风险,如涌突水、围岩失稳等,但是由于其空间布置的特殊性,竖井结构面临的风险及引发的后果又与一般的地下工程有所不同。根据竖井的施工和结构特点,竖井在建设过程中主要存在的风险为开挖风险、支护结构失效风险以及施工工程中的风险。

(1)开挖风险。与隧道开挖一样,竖井的开挖与地质条件密切相关。在地质构造作用下,地层岩石破碎,往往存在软弱构造面,造成地下水富集或与地表水形成强烈的水力联系,容易造成竖井施工中的突水、突泥风险,另外,在部分破碎软弱地层中,如断层、砂土地层中由于围岩的自稳性较差,在开挖后容易发生坍塌事故。

(2)支护结构失效风险。支护结构可以分为竖井锁口、竖井井身以及马头门三部分。竖井井口结构受地面机械设备和吊装设备的垂直荷载作用,使竖井井口结构受到较大的压力而存在失效风险;竖井井身结构受地层挤压变形和地下水渗透侵蚀存在失效风险;竖井与横通道交界处即马头门位置受围岩应力释放调整,以及结构的不规则存在失效风险。

(3)施工过程风险。竖井施工过程工序繁杂,部分工序存在相互交叉影响,多个环节都存在风险隐患,如钻爆、出渣过程中高空坠物、提升设备失稳等。

7.1 施工管理组织设计及措施

7.1.1 管理机构设置

本工程采用工区施工管理,设工区长 1 人、副工区长 1 人、工区技术负责人 1 人,另设工程技术组、经营管理组、综合后勤组、调度室、安质组,这些机构负责日常管理工作。具体如图 7-1 所示。

劳动组织按专业化班组配备,井下实行四个专业化班组作业,地面辅助人员"三八"制作业。现场劳动组织设立大抓、伞钻、压风、水泵、运转包机组,进行设备的动态检修,确保设备完好运行。工区管理人员实行安全带班制度,确保安全顺利施工。

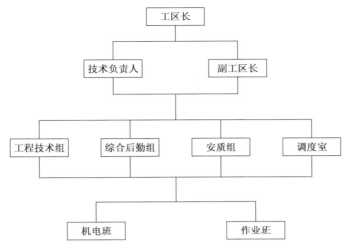

图 7-1　竖井工区组织机构图

7.1.2　管理重点及施工部署

1）管理重点

（1）安全管理

竖井施工工作面小，设备集中。由于是竖向施工，安全风险较大，尤其是洞内、外的信号传递。

（2）进度管理

竖井开挖计划基岩段 75m/月，工期任务较重，工序紧密衔接组织难度较大。

2）施工部署

（1）施工准备

安排专人负责与有关单位搞好本合同段的临时用地及征地拆迁工作。并立即组织精测人员对设计控制桩进行复测，将测量结果上报监理工程师及有关部门。做好材料试验等开工前的各项准备，上报开工报告。

①调查施工环境

调查有关工程特征与要求的资料；调查线路所在地区自然条件资料；调查施工地区的经济技术条件；了解当地交通运输能力及交通运输状况；调查当地材料生产供应能力与价格；了解当地民俗、风土人情；调查当地卫生防疫情况，调查其他有可能对施工产生影响的各种因素。

②规划安排

编制施工方案；编制施工计划安排图表；做好施工机械设备及主要的检测、测量仪器设备的配置工作；做好施工任务划分。

③施工现场准备

完成"三通一平"；确定临时占地计划；搞好生产设施及施工营地建设。

④作业条件准备

组织物资的采购、进货与管理;编制施工成本控制计划;雨期、冬期等季节性施工的特殊准备;组织施工设备机械进场;组织施工队伍进场。

⑤技术准备

a.会审图纸;进行测量桩交接,并布置施工阶段的测量控制网;线路及构造物位置的施工放样;对施工队进行开工前的技术交底和培训;组织职工学习有关技术文件并进行安全教育;对原材料进行各项检测试验;选定施工所用的各种配合比。

b.收集施工技术资料;组织有关部门对开工前的工程技术资料进行收集、整理、分类、成册,做到资料齐全,准备充分。

c.重点审核项目说明书、工程数量、设备及主要材料规格数量是否与设计图纸相符、设计图纸是否齐全。

（2）临建工程

①施工便道、便桥

在河道最近处修建便桥一座,跨径为 $2\times13m$。临建时期先埋设涵管作为临时通道,在雨季后完成便桥。

②施工、生活用电

在竖井附近有 35kV 变电站,计划接线至洞口,在井身附近建临时变电所,安装 10kV～0.4kV 型移动式开闭所一套,安装 S11-2000/6-6/0.4 型主变压器 1 台,为地面及井下用电设备提供 380V/220V 电源;井口安装 KBSG-315/6/0.69 型变压器 1 台,为井身及井口动力设备提供电源;自主 10kV 变电所敷设两路 YJV-3×120/6kV 电缆至开闭所作为主电源进线(互为备用),井口安装 ZBX-4.0/127 型照明信号综合保护装置供井下信号、照明用电;提升机采用双回路供电。

③施工、生活用水

竖井临近河道且水质较好,计划在河边打井,经沉淀后供生产、生活用水使用。

④施工通信

在施工初期采用移动电话与外界联系;生活临建设施完成后,增设直拨电话,并安设上网宽带,便于与上级主管单位、建设单位和监理单位快速传递信息。工区内部在生活区内设自动电话内交换机,用于井口、各车间及办公室间的通信联络。安设监控电视,便于随时监控井下、井口、绞车房的安全生产运行。

⑤生产设施

根据施工场地实际情况,井口设置混凝土搅拌站(两台 JS-1000 型强制式搅拌机,容积为 $1m^3$,配 PL-1500 电子自动计量上料系统),1 台 40 正翻装载机上料。施工期间,工业场地建临时压风机房,布置采用 4 台 $22m^3/min$ 风机,供风能力 $88m^3/min$。沉淀池的容积为 $250m^3$,砖砌结构,其规格为 $5.5m\times25m\times1.8m$,用于洞内污水沉淀及净化。

⑥生活、办公设施

a.根据建设单位划定的施工占地范围进行土建临工程设施的布置。

b.在红线内布置的临时建筑尽量避开拟建的永久建筑位置,或在使用时间上与拟建永久建筑的施工时间错开。

c. 临时建筑的规划布置要符合施工工艺流程的要求，做到合理布置。为井口服务的设施布置在井口周围。动力设施尽量靠近负荷中心，木材、钢筋、机修加工厂房，靠近器材仓库和堆放场地。建筑施工器材要便于运输。

d. 符合环境保护、劳动保护、防火要求。

e. 充分利用已购土地。

7.1.3 风险控制措施

为了保证竖井施工顺利，采取以下风险控制措施：

(1) 设备全部新购，经检验合格后进场；配备的施工能力留出足够富余量。

(2) 材料、资金保证，竖井施工材料提前采购，易损材料设立备用红线。

(3) 技术人员选派经验丰富、责任心强的人员，实行技术人员带班制。

(4) 作业班组选择从事竖井开挖的成建制专业班组，尤其是信号工要选择有多年施工经验的人员。

(5) 加强信息化监控。

(6) 与省内科研机构合作，开展技术攻关。

7.2 施工过程中的风险及预防措施

按照《公路隧道工程施工安全风险评估指南》要求，一般风险源由施工企业按照常规制度制订控制措施。重大风险源按照预案、预警、预防三阶段来制订控制措施。风险接收准则见表7-1。

风险接收准则　　　　　　　　表7-1

风险等级	接受准则	处 理 措 施
低度	可忽略	不需采取风险处理措施和监测
中度	可接受	一般不许采取风险处理措施，但需予以监测
高度	不期望	必须采取风险处理措施降低风险并加强监测，且满足降低风险的成本不高于风险发生后的损失
极高	不可接受	必须高度重视，采取切实可行的规避措施，并加强监测；否则要不惜一切代价将风险至少降低到"不期望"的程度

由上表风险接受准则可得出，竖井施工冒顶、塌方事故均属于"不期望"风险，需采取处理措施并加强监控，防止事故发生。

7.2.1 一般风险源控制措施

一般风险源指风险源相对简单，影响因素间关联性较低，运用一般知识与经验即可防范的风险源。

1) 高空作业风险控制

(1) 在搭设脚手架过程中要有施工技术交底，搭设脚手架完毕后必须由专人检查，合格后才可使用。

(2)进行衬砌吊盘、竖井口、井架等必须做好临边的防护设施才可施工,发现未做防护设施的地方要有明显的"危险"标识,同时需要夜间要有红灯警示。

(3)高处作业人员安全防护用品必须佩戴正确齐全方可上岗作业。否则停止作业。

(4)衬砌吊盘、竖井内设置安全梯,边口设置安全防护栏杆。

(5)从事登高作业的人员,必须经过专业技术培训及专业考试合格,持证上岗,并定期进行体检。经医生诊断,凡患高血压、心脏病、贫血、癫痫等疾病,以及其他不适于高空作业的人员,不得从事高空作业。

(6)遇到恶劣天气(如雨天和雪天)需进行高处作业时,必须采取可靠的防滑、防寒和防冻措施,凡水、冰、霜、雪均应及时清除;遇有6级以上大风、浓雾等恶劣气候时,不得进行露天攀登与悬空高处作业。

(7)每日上岗前,应对高处作业安全设施逐一进行检查,发现有松动、变形、损坏或脱落等现象,应立即修理完善。

(8)支架搭设与拆除时,应设立警戒区,并派专人监护,严禁上下支架同时拆除,高处作业所用材料堆放应平稳,工具应随手放入工具袋内,上下传递物件禁止抛掷。

(9)在没有安全防护设施时,禁止在高空支架操作平台上支撑、挑架或未固定的构件上等处行走或作业,高空作业应与地面保持联系通畅,采用通信装置,并需要设专人负责;乘人的吊篮、吊笼工作过程中,应有可靠的安全装置,禁止利用起重臂和绳索攀登,禁止随同运料的吊篮、吊装物上下。

2)临时用电

(1)新工人进场安全教育中心必须有安全用电的教育,并进行相关考察,同时要保障施工区域与高压电缆之间要保证足够的安全距离。

(2)小型电气机具使用前必须先检查是否漏电,检查工作必须由电工专业人员进行,非专业人员不得进行检查。

(3)现场临时用电器具、电线铺设必须符合规定;使用振捣棒时必须穿戴好绝缘手套及绝缘鞋。

(4)非电工不准乱拉电线安装电气设施,电工必须持证上岗,非电工作业重罚;定期检查漏电保安器,异常天气要检查所有电器,防止漏电。

(5)当施工用电时,应符合下列要求:

①按"三相五线制"要求,及"一机、一闸、一漏、一锁、一保护"和动力线照明用电严禁搭接的规定落实;

②设置醒目的警示标志,电闸箱外壳要有接地和接零线保护设置;

③闸箱内严禁放杂物,严禁电源线从箱顶接入,并应具备防水、防尘功能。

(6)施工现场的照明配电宜分别设置,各自自成独立配电系统,防止因动力停电或电气故障而影响照明,一级配电箱应二次接地,配电箱、开关箱的周围应保障箱内开关电器正常、可靠地工作,备用发电机应配备电气火灾专用灭火器,并设置警示标志。

3)气割、电焊作业

(1)班组长负责现场指挥工作,安全员现场看护,在施工地点四周20m范围内必须清理干净,严禁留有易燃、易爆物品,并派专人负责四周10m范围内的洒水工作,作业地点应配备两台干粉灭火器,作业人员必须穿好防护用品,配备好防护用具。

(2)氧气瓶和乙炔气瓶要分开下井、上井,在作业过程中两瓶与作业地点的距离不得小于20m,两瓶之间的距离不得小于5m,且两瓶必须垂直放置,不得水平放置或侧置,并要放置在干燥的上风流侧。

(3)施工完后,应再次在工作地点四周10m范围内用水喷洒,留专人在工作点检查1h,确定无火星、无可燃物等隐患后方可离开;若有异常,应立即向班组长汇报。

(4)所有操作人员须认真学习专业知识,考试合格后方可上岗操作,所有操作人员必须持证上岗。

4)起重、提升作业

(1)按照国家标准规定对吊装机具、提升系统进行安全检查,包括每天作业前检查(每月至少一次)和定期安全检查(每年至少一次),同时接受政府指定部门的定期检查,对检查中发现问题的吊装机具,必须进行维修处理,并保存维修档案。

(2)吊装作业人员(起重机、稳车司机、指挥人员、司索人员)应取得特种作业人员操作资格,方可从事吊装作业。

(3)吊篮作业、吊装质量大于40t的重物、吊装土建工程主体结构的作业,作业单位应编制吊装作业技术方案(包括施工安全措施和应急预案);若吊装形状复杂、刚度小、长径比大、精密贵重物品,或在特殊的作业条件情况下,吊装物品质量不足40t,作业单位也应编制吊装作业技术方案。吊装作业技术方案应由作业单位主管领导批准。

(4)在吊装作业前,施工单位技术人员应向作业人员进行技术交底。利用两台或多台起重机吊运同一重物时,升降、运行应保持同步,各台起重机所承受的载荷不得超过各自额定起重能力的75%。

(5)设计、制造、改造、维修、安装、拆除吊装机具,应符合国家相关标准规定。吊装机具的使用、拆除和移动应符合操作规程及使用说明书要求,对于非人力驱动且起重量大于0.5t(含0.5t)的各类吊装机具,设备管理部门应建立设备技术档案。

(6)夜间吊装作业要有足够的照明;遇到大雪、暴雨、大雾、6级(含6级)以上大风等恶劣天气时,不得从事室外吊装作业;属地单位应对吊装作业指挥、司索和起重司机等人员进行资格确认,对吊装安全措施落实情况进行确认。

(7)作业单位的有关人员应对吊装机具进行安全检查确认,确保处于完好状态,吊装作业前,项目部组织相关部门进行联合检查,检查内容包括:

①施工机、索具的实际配备是否与方案相符;

②设备基础地脚螺栓是否符合质量要求;

③基础周围回填土夯实情况,施工现场是否平整;

④机具、隐蔽工程(如地锚、桅杆地基、电缆沟、地下管线等)吊装保证措施的落实情况和自检记录;

⑤待安装的设备或构件是否符合设计要求;

⑥人员分工与职责;

⑦施工用电正常供给情况；
⑧天气情况；
⑨施工机具完好情况；
⑩吊装作业人员的资质和熟悉程度；
⑪其他方面的准备工作；
⑫吊装区域应设置安全警示带及明显的警示标志，非作业人员禁止入内，作业半径不得超过安全警示区域；
⑬检查确认吊装机具作业时或在作业区静置时各部位活动空间范围内没有在用的电线、电缆和其他障碍物；
⑭检查地面坚实平坦状况及附着物情况、吊装机具与地面的固定情况或垫木的设置情况。

（8）在采用两台或多台起重机吊运同一重物时，尽量选用相同机种、相同起重能力的起重机，并合理布置，同时明确吊装总指挥和中间指挥统一指挥信号，吊装作业过程中应分工明确、坚守岗位，按《起重机 手势信号》（GB/T 5082—2019）规定的联络信号，统一指挥。指挥人员应佩戴鲜明的标志或特殊颜色的安全帽。

（9）作业前应伸出全部支腿，支腿下必须垫枕木，调整机体水平度，支腿的定位销必须插上，调整支腿作业前必须在无载荷时进行，将已伸出的臂杆缩回并转至正前方或正后方；作业中严禁扳动支腿操纵阀，正式起吊前要进行试吊，试吊中要检查全部机具、地锚受力情况，发现问题要将吊件放下，故障排除后，重新试吊；确认一切正常后，方可正式吊装；严禁歪拉斜吊，严禁利用管道、管件、电杆、机电设备等作为吊装锚点。

（10）吊装过程中，出现故障，应立即向指挥人员汇报，没有指挥令，任何人不得擅自离开岗位，起吊重物就位前，不许解开吊装索具。

5）钢筋加工

（1）高空作业时，不得将钢筋集中堆在模板和脚手架上，也不准把工具、钢箍、短钢筋随意放在脚手架上，施工人员不准穿拖鞋上岗，不得在钢筋骨架上行走，禁止沿柱子上的钢箍筋上下，不准在高空进行断料、配料、弯料等工作操作。

（2）搬运钢筋注意避免与附近的架空线和临时电线发生碰撞；现场高处绑扎作业时，必须搭设符合规定的施工脚手架并配备其他安全设施；冷拉钢筋时，当钢筋拉直时人员必须离开，禁止横跨或触碰钢筋。

（3）当切断机剪切钢筋时，刀口要与钢筋垂直，切断机不准剪切短于 30cm 的钢筋，人工断料，敲锤与持钢筋者应成斜角。

（4）现场绑扎悬空大梁钢筋时，不得站在模板上操作。

（5）施工绑扎独立柱头钢筋时，不准站在钢箍筋上绑扎，也不准将木料、管子、钢模板穿在钢箍筋内作为站人板支撑；起吊钢筋骨架时，起吊物下方严禁站人，必须待钢筋骨架下降到距模板 1m 以下时才准靠近，就位支撑好后方可摘钩。

（6）起吊钢筋时，规格、尺寸必须统一，不准一点起吊，吊点必须扎紧。

（7）进行切割工作时，切割机电源线须接漏电开关，切割机后方不准堆放易燃物品，钢筋头子应及时清理，成品堆放要整齐，工作台要稳固，钢筋工作棚照明灯必须加装网罩保护。

6）混凝土浇筑作业

（1）进入现场的作业人员必须正确佩戴安全帽和其他安全防护用品,岗前严禁喝酒,施工现场严禁吸烟;使用输送泵输送混凝土时,应有两人以上人员牵引布料杆管道的接头,安全阀、管架等必须安装牢固,输送前应试送,检修时必须卸压。

（2）进行浇筑前应检查混凝土泵开关有无裂纹,损坏变形或磨损严重的应立即更换,浇筑拱形结构时,应自两边拱脚对称同时进行,同时在浇筑圈梁、雨棚、阳台应设置安全防护措施。

（3）悬空泵的链接要有两个以上的作业架协调作业,作业架的脚手手板应铺设密实,严防踩空坠落。

（4）使用起重机配合吊斗浇筑时,起吊作业要有专人指挥,起重机作业半径内禁止站人。

（5）混凝土振捣安全工作要求：

①混凝土振捣器使用前必须经电工检验确认合格后方可使用,开关箱、漏电保护器、插座、插头应完好无损,不得使用破皮老化的电源线。

②操作人员必须穿绝缘鞋,戴绝缘手套,不得用电源线拖拉振捣器。

③电机有专人定期检修,严禁非专业人员拆装电机,作业过程中严格按章施工,防止发生触电事故。

④工作完成后,及时清理施工现场,做到完工料净。

7）滑膜安装、拆除作业

（1）大模板存放区必须设置1.2m以上的围栏进行围挡,在平整坚固的场地上用10cm×10cm木方与5cm×10cm木方制成大模板存放专用轨道,间距60cm,轨道用铁钉钉牢,如有损坏要及时恢复,同时保证大模板应对面码放整齐,保证70°~80°的自稳角。

（2）角模和没有支腿的片模要放置在专门设计的插放架内,宽2m以上的大模板严禁单腿支撑,支模过程中无法双腿支撑的模板,放置在场地时应用钢筋制作插销作为临时支腿,以防倾倒伤人。

（3）长期不用的大模板必须采取拉杆连接绑牢等可靠的防倾措施,应经常检查大模板的防护栏,支腿的上下固定螺栓,发现有松动、脱落应及时加固或更换,已固定不变的支腿和防护栏模板,应用电焊把螺母焊死。

（4）吊装大模板时,挂钩作业人员应先检验大模板的支腿是否牢固,确保无问题时作业人员从专用爬梯到大模的操作平台上挂钩,紧固好卡环的螺栓,等作业人员安全下地后才能起吊;大模板吊运到指定的墙体位置时,应把支腿放置稳固,没有支腿的角模和片模应用专用的保险链与暗柱立筋和墙体立筋作可靠连接,严禁无任何稳定措施的模板存在。

（5）大模板加固过程中,作业人员不宜在大模板爬上爬下;特殊情况需要从模板上下时,应先检查模板是否放置稳固;加固时部分模板支腿碍事时,严禁随意拆放模板支腿,应与主管工长商讨后,确定模板有可靠的稳固措施后方能改动。

（6）加固、拆模作业人员严禁随意拆除大模板的防护栏杆、操作平台的脚手板、固定脚手板的钢筋和固定铁丝,要拆除大模板时应按照顺序逐步拆除;松动的模板要及时吊离作业面,严禁在未吊离作业面时把片模、角模的保险链松开;挂钩作业人员应在挂钩完成后,方可拆除保险链。拆除时,严禁在大模板的操作平台上、大模的背楞上放置大螺杆、垫片、螺杆铁销等零件,零散材料应用容器吊装,不能连续完成拆模时,下班前应检查松动的模板是否存在,确保未拆完的模板场有可靠的稳固措施,方可下班。

8)施工现场安全标志设置

(1)在进入施工现场的大门入口,必须悬挂"进入施工现场必须正确佩戴安全帽""高空作业施工必须系安全带"等标志牌。

(2)具有火灾危险物质的场所,如:仓库、易燃易爆场所等场地,应悬挂"禁止吸烟""禁止烟火""当心火灾""禁止明火作业"等标志牌。

(3)高处作业场所、深基坑周边等场所应悬挂"禁止抛物""当心滑跌""当心坠落"等标志牌。

(4)在各种需要动火、焊接的场所,应悬挂"必须戴防护眼镜""当心火灾""必须穿防护鞋""注意安全"等标志牌。

(5)在脚手架、高处平台、地面的深沟(坑、槽)等处应悬挂"当心坠落""当心落物""禁止抛物"等标志牌。

(6)旋转的机械加工设备旁应悬挂"禁止戴手套""禁止触摸""当心伤手"等标志牌。

(7)设备、线路检修、零部件更换,应在相应设施、设备、开关箱等附近悬挂"禁止合闸""禁止启动"等标志牌。

(8)有坍塌危险的建筑物、构筑物、脚手架、设备、井字架、外用吊篮等场所,应悬挂"禁止攀登""禁止逗留""当心落物""当心坍塌"等标志牌。

(9)有危险的作业区,如起重吊装、交叉作业、爆破场所、高压实验区、高压线、输变电设备的附近,应悬挂"禁止通行""禁止靠近""禁止入内"等标志牌。

(10)专用的运输车道、作业场所的沟、坎、坑、洞等地方,应悬挂"禁止跨越""禁止靠近""当心滑跌""当心坑洞"等标志牌。

(11)在总配电房、总配电箱、各级开关箱等处应悬挂"当心触电""有电危险"等标志牌。

(12)在钢筋加工机械、电锯、电刨、砂轮机、绞丝机、打孔机等,机械设备的旁边应悬挂"当心机械伤人""当心伤手"等标志牌。

(13)在混凝土搅拌机、砂浆搅拌机、钢筋机械设备等旁边应悬挂"安全操作规程"标志牌。

(14)在通向紧急出口的通道、楼梯口、消防通道口等地应悬挂"紧急出口""安全通道""安全出口""消防通道"等标志牌。

(15)在出入通口、基坑边沿等处处设置对应的标志牌外,夜间还应设红灯警示,保证由充足的照明。

9)施工机械

(1)应建立机械设备操作手册或操作规程。

(2)机械设备运行状态应完好,并有可靠有效的安全防护装置。

(3)机械设备定人操作,操作人员经培训、考试合格后方可上岗。

(4)机械设备定期保养并记录。

(5)操作人员严格按照操作手册或操作规程进行操作。

(6)特种机械设备及大型非标定型设备进场后使用前必须经过有资质的单位鉴定,并取得鉴定合格证书及安全合格证后方可使用。

7.2.2 重大风险源控制措施

重大风险源控制措施见表7-2。

冒顶、坍塌事故控制措施　　　　　　表7-2

序号	项　目		措　施
1	前期调查	资料收集	收集相关地质资料及周边工程施工记录、事故记录(包括自然灾害)等
		井口段	对周边建筑物等加强观测
		联络道段	进行拱顶下沉等观测
2	开挖作业	开挖方式	根据地质条件、施工条件和监控量测反馈数据选择适当的开挖方式,并根据情况进行超前支护,开挖应由上而下逐层开挖。竖井开挖至设计高程后及时浇筑底板混凝土,开挖联络开挖方式通道破除竖井侧壁时,竖井侧壁混凝土强度需满足要求,必要时加设横通道超前支护,破除竖井侧壁混凝土后及时进行横通道加强施工
		边坡危石、松散土体及井底出渣过程	(1)应分段仔细检查开挖面,清除危石和松散土体; (2)开挖过程中,挖机回转半径内严禁作业人员停留; (3)提升料斗上下过程中,料斗下面严禁人员、机械停留,如底出渣过程因空间狭小无法回避时可暂时停止开挖作业
3	支护	喷射混凝土	(1)开挖后迅速喷射混凝土对掌子面进行封闭; (2)对于地质不良段应讨论确定是否第二次对掌子面喷射混凝土; (3)对于地质不良段应讨论确定是否采用钢筋网、喷射混凝土进行加固
		钢拱架支护	(1)不良地质路段应缩小钢拱架的间距; (2)不良地质路段应扩大钢拱架的断面,留下足够的沉降空间; (3)不良地质段应使用合适的底板、垫板; (4)不良地质路段应讨论钢拱架形状是否合适
4	监控量测		(1)根据地质条件和施工情况进行适当的监控量测; (2)不良地质路段应缩小监控量测间隔; (3)不良地质路段应增加监控量测频度; (4)监控量测数据及时反馈到设计方; (5)根据监控量测、观察的结果,初期支护发生变形时,应采有效加固措施
5	二次衬砌		(1)不良地质段应对是否闭合及尽早衬砌进行讨论; (2)应对临时衬砌进行讨论
6	防坍塌的培训		(1)坍塌事故的危险性; (2)防止事故发生的对策及注意事项; (3)检查方法(检查内容及时间); (4)发生险情时的应急措施

7.3 米仓山公路隧道竖井施工过程中主要风险控制

米仓山竖井施工过程中的主要风险集中在钻爆和出渣环节中。

7.3.1 钻爆风险及控制

(1)米仓山隧道中部竖井掘进施工伞钻打眼,采用4.2m中深孔光面光底爆破,爆破器材选用水胶炸药、长脚线毫秒延期电雷管。未按规定编制《爆破设计说明书》、爆破设计说明书未经主管人员批准等,爆破作业未按《爆破设计说明书》实施,违章操作、放炮时警戒不严易引发爆破事故。

(2)爆破事故的原因虽然有多种因素,但是对爆破作业来说,最为突出的是放炮伤人事故。从其事故因果分析图可以看出,放炮伤人事故的发生主要与当事人(即放炮员)、安全管理、工作面条件及爆破设计这四个方面的因素有关,这四方面任何一方面的疏忽都有可能导致爆破事故的发生。

(3)当事人(放炮员)因素如下:

①放炮员违章作业:a.放炮后进入、违反规程;b.不按作业规程装药;c.处理爆破事故不按要求;d.违章放炮。

②不懂安全知识:a.无专人负责培训;b.培训无计划。

③放炮员技术不熟练:a.未经培训;b.培训不合格。

炸药、雷管具有敏感、易爆性。在储存、运输加工操作过程中,产生强烈震动、冲击、磨擦、遇热、静电等均引起提前爆炸。原因可能性有接触爆破器材的人员缺乏相应的知识,不遵守操作规程和安全制度引起。雷管炸药与火花接触,硝酸盐类炸药受摩擦、折断、揉搓冻结都可能引发爆炸事故。此外,对变质爆破材料未及时销毁处理,或转让及违章处理,安排不懂的人员装卸等,也会发生爆破伤亡事故。

④在进行爆破时,药量掌握不准,装药过多,产生大量的飞石造成爆破飞石超过安全允许范围,击中人身和设备;或因对安全距离估计不足,警戒不严造成人身伤亡和设备损失。

(4)安全管理因素如下:

①爆破器材(炸药、雷管)因管理制度不严,不健全,易发生丢失和被盗的可能,给社会造成危害。

②存在明火和能够引起火花的不安全因素。如火柴、照明线漏电、照明线电阻过大而发热等引起爆炸。

③炸药和其他易燃易爆物品(或禁忌品)或其他杂物混存,易引发爆炸。

④安全检查效果不好:a.整改措施不落实;b.雷管管理不良;c.检查流于形式。

⑤作业规程不落实:a.冒险蛮干;b.粗心大意。

(5)工作面条件因素如下:

①炮眼布置不合理。

②在爆破中未严格执行《爆破设计说明书》中的相关规定做好爆破作业中的施工准备、炮

位验收、起爆体加工、装药、堵塞、起爆、检查等几个环节。

(6)爆破设计因素如下：

①爆破参数选择不合理、炮孔布置不合理。

②孔距、孔深设计不合要求。

③单孔装药量过多或过少。

(7)打残眼造成的事故，违章处理盲炮、打残眼造成的事故占各类事故的比例较大。

(8)引爆材料质量不良或使用安全等级不够的炸药、雷管，点炮迟缓，拖长时间造成伤害。

(9)引爆材料质量不良，往往引起早爆或迟爆现象，有可能造成严重伤亡事故。爆破作业人员无证作业或违反操作规程等，极易发生安全事故。使用安全等级不够的爆破材料，易引起天然气燃烧和爆炸。

(10)爆破后过早进入爆破工作面引起的事故。过早进入工作区，可能因雷管迟爆引起事故。

(11)检查电雷管时，用非爆破专用电表测量，因电表输出电流大于雷管安全电流，或因电表绝缘不良产生漏电，发生爆炸事故。雷雨天进行电气爆破时，也有可能引发早爆事故。

(12)处理瞎炮时违章掏钻眼内的炸药，打炮眼重新爆破时角度及距离未掌握准确造成事故。如未按规定等待时间，提前进入爆炸点；不按处理瞎炮的操作规定处理，甚至炮后未认真清理收集残爆。处理瞎炮时有多人在场等。

7.3.2 出渣作业安全措施

本项目出渣作业拟采用两台中心回转抓岩机装岩，两套单钩吊桶提升，座钩式自动翻渣，落地后铲车配合自卸式汽车排渣。

(1)抓岩机装岩前，应对抓岩机易损部件，如抓片拉杆、万向接头、钢丝绳各连接销等进行全面检查，及时更换易损部件，防止安全事故发生。

(2)抓岩机司机在作业过程中精力要集中，按规程操作，注意井底工作人员。否则可能造成抓头和井底设施、人员发生碰撞，造成事故。

(3)吊桶下放到吊盘时，信号工与抓岩机司机需配合得当；保障井底照明良好，抓岩机司机视野清楚，防止造成安全事故。

(4)由于岩石受放炮震动破裂，但与原岩还未完全分开，抓岩能力受到影响。要保证清底工作组织明确到位，防止影响钻爆工作的速度和效果，以及出渣抓岩作业的安全。

(5)出渣作业过程中，注意观察竖井井筒的围岩状况、裂隙状况，防止出现坍塌等危害时造成人员伤亡。

(6)出渣吊桶提升作业，若井口、井下及提升房三处应采用明确统一的联络信号，防止提升运输过程中可能因通信混乱引发事故发生。

(7)作业前应对提升系统进行检查或试运转，定期对提升系统各个部件进行检查、检测、维修、保养，防止提升系统超负荷运行引发安全生产事故。

(8)汽车运渣线路或道路应设专人进行维修和养护，防止路面坑洼出渣车辆行驶过程中发生侧翻事故。

(9)严禁出渣运输车辆人料混载，严禁超载、超宽、超高运输，防止发生车辆伤害事故。

7.3.3 支护、衬砌施工安全措施

(1)竖井施工的支护与衬砌可能存在的危险因素有:支护刚度不够、超前支护不足、注浆量不足、支护方式和时机不恰当等。这些危险因素可能造成塌方和突水的危险,支护和衬砌施工时应保障施工质量并定期检查。

(2)喷射混凝土作业时严禁喷嘴对准其他作业人员,以免造成出料伤人事故。

(3)及时疏通管道,防止出现堵管现象,以及风压过大造成人员伤亡事故。

(4)严禁在机械运转的情况下将手伸进喷出弯管或料罐内,以免造成机械伤害。

(5)作业人员应佩戴防护用具,防止作业人员受到粉尘危害。

(6)及时喷锚,混凝土质量和厚度达到施工要求,防止坍塌事故发生。

(7)采用钢支撑时支撑架质量要达到施工要求,防止支撑围岩不密贴等易造成围岩坍塌。

(8)衬砌井段的保护层厚度、施工质量达到施工要求,及时观察其稳定性,发现变形、开裂、侵入净空等现象要及时处理,防止造成坍塌事故。

7.3.4 施工通风安全措施

(1)现场设置一套备用的供电系统防止风机停运,同时竖井内应安装有毒气体监测预警系统,实时监测有毒气体是否超标。

(2)定期检查风机、风管布置缺陷,保证送风量达到相关要求,防止工作面有害气体聚集,发生人员中毒、窒息等事故。

(3)竖井内工作面的空气成分、风速、含尘量应按月检测,保证施工中的通风符合行业规范《公路隧道设计规范 第一册 土建工程》(JTG 3370.1—2018)和《公路隧道施工技术规范》(JTG/T 3660—2020)的要求。

(4)施工过程中,未对总进风量进行实测,进风量大于局部通风机吸风量会产生循环风,现场施工过程中,应对进风量进行定期实测,保证进风量实时小于通风机吸风量。

(5)通风系统在使用期间设专人检查养护,保证供风管路不得损坏,以防止施工现场空气有害成分超标。

(6)在凿岩和装渣施工中采取有效的防尘措施,作业人员佩戴防护用品,防止作业人员粉尘危害。

参 考 文 献

[1] 谷兆祺,彭守拙,李仲奎.地下洞室工程[M].北京:清华大学出版社,1994.
[2] H.C.巴比切夫,马英明.苏联竖井表土施工经验[M].北京:中国工业出版社,1962.
[3] 朱松耆.基岩中圆形竖井地压的计算[J].有色金属:矿山部分,1978(01):29-34.
[4] ZHAO G S,ZHOU G Q,ZHU F P,et al. Analysis of stratum grouting influence on shaft lining stress with the methods of simulation and in site measurements [J]. PROCEDIA EARTH AND PLANETARY SCIENCE,2009, Vol,1(1):497-502.
[5] 马英明.立井厚表土层地压的理论与实践[J].中国矿业大学学报,1979,(1):45-69.
[6] 王渭明,孔亮.超深立井围岩压力测试与分析[J].土工基础,2003,17(3):78-80.
[7] 王渭明.千米立井地压计算与探讨[J].煤炭工程,1990,(12):3-6.
[8] 张祥炳.地下工程围岩应力和位移求解理论的探讨[J].建筑施工,2019,v41;No.344(12):2210-2213.
[9] 刘仰鹏.超大规模地下结构围岩压力计算理论研究[D].北京:北京交通大学,2012.
[10] 重庆建筑工程学院,同济大学.岩体力学[M].北京:中国建筑工业出版社,1981:127-136.
[11] 潘晓明.浅埋软岩大跨度隧道开挖方法研究[D].山东科技大学,2008.
[12] 任青文,张宏朝.关于芬纳公式的修正[J].河海大学学报(自然科学版),2001(06):109-111.
[13] 陈钟汶.修正的芬纳公式在土井支护中的应用[J].黑龙江科技信息,2007(21):65+124.
[14] 赵旭,代志杰,黎若寒,等.考虑围岩松动圈的隧道抗减震措施[J].北京工业大学学报,2020,45(09):1027-1038.
[15] 刘高,李新召,邓建丽,等.岩体力学参数变异性及取值方法[J].西北地震学报,2008(01):1-5.
[16] 马永尚,陈卫忠,杨典森,等.基于三维数字图像相关技术的脆性岩石破坏试验研究[J].岩土力学,2017,38(01):117-123.
[17] 李国梁,秦四清,薛雷,等.基于脆性岩石破裂过程中特征点的能量密度研究[J].应用基础与工程科学学报,2014,22(01):35-44.
[18] HOEK, CARRANZA-TORRES, CORKUM. Hoek-Brown fail-ure criterion:2002 ed[C]//Proc of the 5th NorthAmerica Rock Mechanics Symposium and 17th Tun-neling Association of Canada Conference. Toronto:U-niversity of Toronto Press,2002:267-271.
[19] 杨建华,吴泽南,姚池,等.地下洞室爆破开挖诱发围岩损伤特性及PPV阈值研究[J].振动与冲击,2019,38(02):131-139.
[20] 刘晓,严鹏,卢文波,等.高地应力水平对爆破开挖损伤区声波检测及损伤程度评价的影响[J].工程科学与技术,2019,51(06):115-123.
[21] 杨栋,李海波,夏祥,等.高地应力条件下爆破开挖诱发围岩损伤的特性研究[J].岩土力学,2014,35(04):1110-1116+1122.
[22] 戴俊.岩石动力学特性与爆破理论[M].北京:冶金工业出版社,2013.
[23] 杨旭旭,王文庆,靖洪文.围岩松动圈常用测试方法分析与比较[J].煤炭科学技术,2012,40(08):1-5+54.
[24] 王梦梦.C40早龄期混凝土力学性能试验研究[D].北京:北京交通大学,2014.
[25] PANET M,GUENOT A. Analysis of Convergence Behind the Face of a Tunnel[C]// Proceeding of the 3rd International Symposium, Brighton, London:IMM,1982:197-204.